看见自己 读懂孩子

好妈妈都懂的心理学

凌想 ● 著

湖南教育出版社

目 录

v | 自序 看见自己，读懂孩子

亲子关系篇

妈妈有什么用？

003 | "连支笔都不给我买，要你这个妈妈有什么用？"
008 | 妈妈，我需要你的陪伴，而不仅仅是陪着
013 | 从"法系妈妈"到"佛系妈妈"，我是怎样做到的？
019 | 嘴上说着爱孩子，可能你已经嫌弃孩子一万次了
024 | 小心你和孩子间隐形的权力之争
028 | 夸奖孩子，还是欣赏孩子，造就不同人生
034 | 对别人有效的教育方法，为什么你用一个毁一个？
039 | 相信是一种能力，也是一种能量
044 | 一个字解救焦头烂额的父母

亲子沟通篇

为什么给孩子讲道理没有用?

- 051 | 嫌孩子不听话?你该听听孩子的话
- 057 | 你会"背地里"夸孩子吗?
- 061 | 为什么给孩子讲道理没有用?
- 067 | 这句神奇的问话,帮你开启孩子的内心世界
- 071 | 留心,孩子听的是你的潜台词
- 076 | 孩子的满不在乎,其实是一种防御心理
- 082 | 每个爱吼孩子的妈妈,都应该体会一下被吼的感觉
- 087 | 聪明的父母对事不对人,智慧的父母对人不对事
- 093 | 聪明的妈妈,能"动手"就绝不"动口"

习惯养成篇

事半功倍养成好习惯

- 099 | 孩子太磨蹭?因为你总是催催催!
- 106 | 三个步骤破解孩子赖床难题
- 110 | 孩子粗心马虎能治不?能!
- 115 | 每个沉迷游戏的孩子,背后都站着失职的父母
- 121 | 孩子被欺负时,怎么教孩子"打回去"?

学习篇

学习问题不仅仅是学习问题

- 129 | 小学阶段最重要的事，不是学习
- 134 | 我差点亲手把孩子逼厌学
- 140 | 如何破除陪读的四大魔咒？
- 146 | 如何引导"不务正业"的孩子？
- 152 | 当孩子说：妈妈，我想退学……
- 157 | 我是怎样让孩子爱上阅读的
- 163 | 每天阅读半小时的奇迹
- 169 | 亲子旅行，不仅仅是一场旅行

品格篇

影响孩子一生的自控力从哪里来？

- 175 | 影响孩子一生的自控力从哪里来？
- 181 | 被逼迫的勇敢会毁掉孩子的一生
- 186 | "乖孩子"们长大后怎样了？
- 191 | 让孩子自主选择的魔力
- 197 | 给孩子有限的选择权
- 203 | 增强孩子的意志力，需要你的"稳"
- 208 | 小心，不要"催熟"你的孩子
- 215 | 你给孩子贴上的标签可能禁锢他一生
- 221 | 不要让比较心理伤害你的孩子

自我成长篇

妈妈的成长，是对孩子更长远的负责

229 | 为什么你总忍不住吼孩子？

235 | 如何把自己从坏情绪中拯救出来

240 | 妈妈的成长，是对孩子更长远的负责

245 | 想改变人生，请用好你的"暗时间"

250 | 人到中年，如何避免成为"怨妇"

254 | 每天和自己相处十分钟

259 | 学了心理学的夫妻是怎样吵架的

263 | 你对生活的热爱，是对孩子最好的教育

自　序

看见自己，读懂孩子

凌　想

写"凌想亲子心理"公众号的这两年多，每天我都会收到很多妈妈困惑的留言：

凌想老师，我家孩子每天写作业都要拖到十一点，不盯着就不写，天天为了写作业搞得鸡飞狗跳，我该怎么办？

老师，孩子上课总是说小话、搞小动作，是不是多动症？

凌想老师，大宝最近变得特别黏人，总是让我抱，我还得照顾刚出生的二宝，搞得我心力交瘁，大宝这是怎么了？

老师，孩子马虎怎么办？

孩子总是爱玩游戏，怎么办？

……

我能感受到，每一条留言背后，都有一个神情焦灼的妈妈，她们很迷

茫，不知道孩子这是怎么了，该怎么解决孩子的问题。

我知道，在向我提问之前，她们肯定已经做过种种努力，讲道理、给奖励、威逼利诱、大吼大叫甚至打骂，然而这些方法都不管用。妈妈们束手无策了，才会向我求助。

我相信，下面这些话在她们心里一定重复了无数遍：

孩子，你这是怎么了？

孩子，你到底在想什么？

孩子，我该拿你怎么办？

对我来说，每一个孩子问题的呈现，都像是摆在福尔摩斯面前的一桩迷案。乍一看去，案件扑朔迷离，毫无头绪，不知从何下手。福尔摩斯眯起眼睛，叼着烟斗，细细观察，严谨推理，渐渐地，线索一点点显现，脉络一点点清晰，顺藤摸瓜，终于把嫌疑人抓捕归案。

在帮助父母们解答问题时，我经常会有这种"破案"的感觉。刚听到父母们对"案情"的陈述，孩子的问题确实挺麻烦，无理取闹、沉溺游戏、谎话连篇、顶撞父母、成绩糟糕……难怪父母们焦头烂额。

面对急于索要解决方法的父母，我不会直接给出建议——这时候给出的建议，往往治标不治本。

我会帮他们"看到"孩子，看见孩子到底在想什么。

首先，透过问题，看到关系。

我会问问父母，他们平时与孩子的关系如何，是怎样的一个相处状态。

亲子关系，是孩子身心健康成长的土壤。孩子的很多问题，其实都出在亲子关系上。比如：父母平时对孩子是不是很严厉？父母平时和孩子有没有高质量的交流？会陪孩子玩吗？

一个个问题回答下来，基本就能看出这个家庭的氛围，家庭成员的互动模式，以及父母和孩子的大致性格。

其次，透过行为，看到孩子的内心。

孩子出现问题，我们不仅要看到孩子说了什么、做了什么，还要看到他行为背后的情感动机：他渴求什么？希望得到哪些情感满足？

人的行为五花八门、纷纷扰扰，但行为背后的动机，无外乎人类最基本的几种情感需求，比如：安全感、价值感、爱与联结。如果只着眼于消除问题行为，没有满足背后的情感需求，那么孩子的问题只能是按倒葫芦起了瓢，像打地鼠一样层出不穷。

还有，透过孩子，看到我们自己。

一开始，大多数父母都是把目光聚焦在孩子身上，心心念念想的是怎么解决孩子的问题。好像只要孩子的问题解决了，就天下太平了。

但是，当我们一层层看下来，父母们会渐渐意识到，孩子的问题原来和自己有关。是父母自己的认知局限、思维模式、未处理的心结、夫妻关系等等，影响了和孩子的相处模式。

很多父母由此把焦点从孩子身上转移回自己身上，意识到只有自己改变了，孩子才会改变，只有自己学习成长了，才会给孩子带来幸福。

从满眼都是孩子的问题，到看到孩子本然的天性，从想方设法改变孩子，到一心一意改变自己，这是家庭教育中一个质的变化。

当我们能这样一重一重地"看到"关系，"看到"孩子，"看到"自己，问题的脉络和解决的思路就逐渐清晰起来，"案件"不再扑朔迷离，而是从表象到本质，变得有迹可循。

我很享受这个"破案"的过程，在我看来，这是一个契机，一个发现孩子、发现自我的过程，一个和孩子共同成长的过程。

如果每一位父母都能学会这样的"侦探术"，孩子该有多幸福啊！

曾经，我也是一个焦虑的妈妈，走过长长一段弯路，面对孩子的问题，迷茫不知所措。通过不断地学习和觉察，我渐渐看到了问题的本质，意识到这是自己的功课，在陪伴孩子成长的同时，我也在不断成长。

在这个过程中，我发现心理学是一个非常好用的视角和工具。我不仅用心理学帮到了自己，也切实地改变了自己的生活，改善了孩子的状态，帮到了千千万万的父母，很多人由此走上了用"心"养育、自我成长之路。

这本书，就是我一路走来的思考和分享，你会发现，除了具体的方法论，我在书中讲得更多的是解决问题的思路，是自我成长的理念，是注重"关系""系统"的思维模式。

这些，都是在帮助父母修炼一双慧眼，看到孩子，看到自己；修炼一颗爱心，学会如何爱孩子，爱自己。

看见，是真正的爱的开始。

亲子关系篇

妈妈有什么用?

一个妈妈真正的、独一无二的价值,
是让孩子在和妈妈的关系中,体会到爱。

"连支笔都不给我买，要你这个妈妈有什么用？"

一位妈妈和我说，儿子7岁了，最近半年新添了一个坏毛病，总是朝她要东西：买铅笔，买尺子，买饮料……妈妈很少答应儿子的要求，理由也很充分：铅笔家里有，干吗还要买？饮料是垃圾食品，小孩子不能喝。尺子你不是有一把了？能用就行，干吗非要和同学们买一样的？……

可是，妈妈越拒绝，孩子越念念不忘，几乎每天放学都要求妈妈给他买点东西。妈妈都能感觉到，有时候，孩子其实并不是特别想要那个东西，就是想让妈妈给他买。妈妈很担心孩子的"贪欲"越来越大，小时候就这么要东要西，长大了岂不是更加索求无度？可是，道理讲了一箩筐，打也打了，骂也骂了，为此孩子哭了好多次，当时不提了，过几天还是变着花样让妈妈给他买这个买那个。

有一次，孩子看中一支笔，妈妈照例坚决不答应，还批评了他一顿。孩子大哭："连支笔都不给我买，要你这个妈妈有什么用？！"

妈妈一下子惊呆了：小小年纪就说出这样的话，长大了可怎么得了！紧接着就是痛心：辛辛苦苦把孩子养这么大，自己的价值就是给他买一支笔！这位妈妈说，她那天也哭了，哭得很伤心。

这位妈妈的做法其实暴露出她自身成长中的一些问题，这里姑且先不

谈，孩子脱口而出的那句话却让我思考良久：妈妈到底有什么用？换句话说，妈妈对于孩子，最大的价值是什么？是让孩子吃饱穿暖，给孩子洗衣做饭？是辅导孩子功课，培养孩子各种才艺？是教给孩子是非对错，各种规则和道理？

是，又不全是。这些，是为人父母的职责，但并不是妈妈独有的价值，其他人也可以做到，比如其他家人、老师和保姆。我觉得，一个妈妈真正的、独一无二的价值，是让孩子在和妈妈的关系中，体会到爱。也就是说，让孩子在生命最初、最重要的关系中感受到最重要的东西。

孩子小时候，妈妈就是他的世界，妈妈怎样对他，就意味着这个世界是怎样对他的。他从妈妈这里感受到：这个世界是暖的，还是冷的；是严厉的，还是温柔的；是稳定的，还是不可捉摸的；他是值得爱的，还是不够好的……慢慢地，他会把和妈妈的关系内化到自己心中。他和妈妈的关系，就变成了他和这个世界的关系。妈妈对他说的话，变成了他头脑中的声音。妈妈怎样对待孩子，孩子长大后，就会怎样对待这个世界。孩子的世界观、人生观、价值观由此逐渐形成。

一座高楼，建得再高再漂亮，如果没有深稳的地基，很容易坍塌。妈妈和孩子充满爱的关系，就是孩子生命的基石。让孩子体验到爱，为他打造深厚的生命基石，这应该是一个妈妈最重要的价值。

怎样才能让孩子感受到爱？有太多人回顾自己的童年，会说："我知道爸妈爱我，他们那么做是为我好。"是的，他们在意识上"知道"父母是爱他的，但是他们"感受"不到爱。即使已经成年，他们仍会想方设法向父母、向爱人索取爱，索取关注。只是，他们内心有一个空洞，再多的爱也填补不满。这也是他们在生活中屡屡遇到困扰的原因。

为什么会这样？因为太多父母只关注对错，忽略了孩子的感受。

感受，是通向爱的唯一途径。

我们总是执着于是非对错，把各种条条框框、"应该""必须"灌输到孩子头脑中，以为这就是教育。为了让孩子能明白这些，我们讲道理、批评、指责、打骂、惩罚，以为这就是爱。我们会想：我管你、骂你甚至打你，还不是为了你好，为了你能成才。也许方式有些问题，但我的初衷是好的啊！如果不爱你，我才不会这样做呢！但是，我们忽略了一点：我们说的、做的，在抵达孩子意识层面的同时，我们是怎样说的、怎样做的，也抵达了孩子内心的感受。

感受的力量，要比意识大得多得多。孩子做错了事，打一顿骂一顿，孩子承认了错误，表示下次不再犯了。表面上，孩子知道了对错，内心里，孩子体验到的是不被爱、不值得爱——自己做得不好，就不值得爱。潜意识中，他会把简单粗暴内化为自己的经验，学会了用这种方式处理问题。

有多少父母能意识到，这样的教育，捡了芝麻，丢了西瓜。赢了一城一池，却输了整个世界。

我们想告诉孩子什么是真善美，什么是正确的，结果反而让孩子体验到了什么是恨，体验到自己是不好的，父母对自己的爱是有条件的——稍有差错，爱就被收回去了。这个关系让他战战兢兢，让他痛苦分裂。缘木求鱼，适得其反。

不是说对错不重要，而是靠打骂说教灌输的对错，只能到达头脑。就像成年人常常感叹：明白了很多道理，依然过不好这一生。

为什么？因为道理只能在意识层面发挥作用。真正促使一个人改变的，是一个人在体验中产生的情感，是在感受中悟到的东西。这些，才是真正的改变动力，强大而持久。

比教给孩子是非对错更重要的，是在关系中让孩子感受到爱和接纳。更何况，孩子的世界里，哪里有那么多原则性的对错，更多的是父母心里认定的"应该""必须"。而充满爱的关系是孩子向善向好的强大动力。当你真正用欣赏、尊重、包容的眼光看待孩子，你会发现，之前的很多问题

一个妈妈真正的、独一无二的价值,是让孩子在和妈妈的关系中,体会到爱。也就是说,让孩子在生命最初、最重要的关系中感受到最重要的东西。

都不再是问题了。

有位妈妈，女儿上二年级，天天写作业到十一二点，为了写作业的事，天天大人吼孩子哭。直到有一天，她发现孩子对她说话变得恶狠狠的，因为一点小事，动不动就说：那我死了吧！你杀了我吧！

感受不到妈妈的爱，孩子就会对自己的存在产生怀疑，自己的存在是没有价值的，还不如去死。女儿的变化让妈妈意识到必须要改变了。

我告诉她，别太关注作业，先从改善和女儿的关系入手。我帮她一句一句地分析，女儿这样说时，她该怎么回应，女儿有情绪时，她该怎样去接纳。这样做了两三个星期后，她感觉到和女儿的关系缓和了很多，女儿也变得话多了。有一天晚上临睡前，女儿忽然对她说："妈妈，你是爱我的。"

这句话让妈妈心里一动。女儿长这么大，她说了不知多少次"妈妈爱你"，女儿也会回应："嗯，我知道。"但是，这是第一次，从女儿口中说出这句话。这意味着，她从妈妈的变化中感受到了妈妈的爱，她开始确认自己在妈妈心中是重要的。

这是她们母女关系中，里程碑式的一句话。

回到文章开头那个孩子的质问。其实，孩子介意的并不是那支笔，而是妈妈总是不认可他的需求，还用种种"正确"的理由告诉孩子：你这样想、这样做是错的。表面上，他想要的是一支笔、一瓶饮料，但其实，他想要的是妈妈的认可，是妈妈宽容接纳的爱。而妈妈只看到了对错、应该，没有看到孩子内心的需求和感受。

我想，孩子脱口而出的那句话，把它翻译过来，他真正想表达的是："你是我的妈妈，我需要你的认可和接纳，我需要你看到我的感受。如果你做不到，你对我来说还有什么价值？我还有什么价值？"

妈妈，我需要你的陪伴，
而不仅仅是陪着

秋天的一个下午，我带橙子去公园里玩。小树林里铺满了落叶，橙子撒欢跑了一会儿，自己发明了一个新玩法：把很多叶子绑在一起。小孩儿蹲在地上，用黑黑的小手把叶子又细又短的叶柄系到一起。系两三片叶子还容易，再加入新的叶子难度就大了，系上又掉，掉了又系，小孩儿就和这几片叶子较上劲了，玩得很专注。

站在旁边的我看了一会儿，觉得没什么意思，就习惯性地拿出手机开始刷。刷了一会儿，太阳已经偏西，没有太阳的照耀，小树林里开始变凉了。我担心橙子着凉，想带他往回走："做好了吗？咱们回家吧？"

"不，我还想再玩一会儿。"

我百无聊赖地又看了会儿手机，又开始催。橙子玩得正带劲，还是不动。

这么催了三四回，我突然想到：我这是在陪孩子吗？还是把孩子当成小狗遛？让他在外面撒撒欢就算完成任务了？我催孩子回家，除了因为怕他着凉，还因为我自己觉得无聊，心里有些不耐烦。虽然我就在他身旁，但我只是"陪着"他，我们沉浸在两个世界，彼此间没有多少交流。

意识到这些，我把手机装回去，调整了一下心态，决定和橙子一起好好享受此时此刻。

我在他身旁蹲下来,问:"有什么需要帮忙的吗?"

"好啊,妈妈,你帮我再找些树叶来吧。"

"好的!"

当我仔细去找,才发现落叶虽然很多,但叶柄长的树叶却不是那么好找。每当我找到一片合适的树叶,就拿给橙子看:"这片可以吗?"

"太好了,谢谢妈妈。"

慢慢地,我进入了状态,开始觉得这事也挺有意思。当橙子的作品终于完工,我们俩都很兴奋。因为目睹了他的制作过程,我知道在旁人眼里不起眼的几片树叶,把它们做出造型来花费了多少心思,也让小孩有了小小的成就感。我们一起给"作品"拍照、命名,最后,我把它插到了衣领上,当作一个漂亮的胸针。

我发现,当我全身心地投入孩子的世界中,之前的那些烦躁和担忧不知不觉地消失了,我不只是尽了做家长的义务,我自己也很享受其中。确切地说,不是我陪孩子,而是我们互相陪伴。而且,这种互相陪伴的感觉很美妙。

这件事也让我有了更多的思考。我发现,如果潜意识里把陪孩子看作父母的责任和任务,就像每天遛小狗一样是一件不得不做的事,那么内心会有隐隐的不耐烦和烦躁。虽然人陪在孩子身边,但心里想的却是:还有很多工作没做完,晚饭要吃什么,白天上班,下班还得看孩子,身心都好累……在这样的状态下,我们内心深处其实是抗拒陪伴孩子这件事的。为了减轻内心的烦躁,打发时间,手机就成了陪孩子时的标配。

这样的场景再熟悉不过:孩子玩自己的,大人在一旁边刷手机,边心不在焉地嗯啊着回应孩子,只要确保孩子在自己身边,不会发生危险就行。这种低质量的陪伴,生动地诠释了什么叫"身未动,心已远"。

那么，怎样才能做到高质量陪伴呢？我一直想找一个合适的词来形容这种状态，后来，我在一篇文章中找到了它：调频。

这篇文章是行动派创始人琦琦写的。她参加了李欣频的印度游学，第一次去印度，走在又脏又乱又嘈杂的街道上，加上四十几度的高温，琦琦感到自己已经接近忍耐的极限，快要爆炸了。这时，李欣频告诉她，试着调频，把自身的频率调到和印度当地人一样，当地人可是对这样的环境习以为常的。

琦琦照着去做，静下心来，想象自己就是土生土长的印度人，从小到大在这样的环境里生活，优游自如。很神奇，当她调整了自己的心态后，那种烦躁不安减弱了很多，她甚至开始试着欣赏其中的美妙之处了。

调频，其实是活在当下一个形象的说法。不去想过去，不去想将来，不去抗拒此时此刻，而是以接纳的心态享受当下，就像英语中说的 enjoy yourself。

当我们陪伴孩子时，也可以尝试调频。把自己的频率调到和孩子一样，把自己想象成孩子，试着用孩子的眼光去看待这个世界。角色不同，心态自然也不同。暂时忘掉工作，忘掉手机，忘掉各种焦虑，甚至忘掉家长的角色，单纯地和孩子一起发现这个世界的奇妙之处，单纯地和他一起做个游戏，享受其中，活在当下。

关于陪伴，我从橙子的姥爷身上学到了很多。高质量的陪伴渗透在祖孙俩相处的点点滴滴中。

橙子有一段时间特别喜欢听评书，《杨家将》《薛家将》《隋唐演义》听了个遍。暑假里，橙子在姥姥家和姥爷一起听；开学了，橙子在北京听，姥爷在老家听。两个人经常通过视频交流各自听到哪里了，交流各种听后感，一起讨论谁最厉害，谁用的兵器最棒。

橙子喜欢京剧，姥爷就惦记着给橙子一点点添置家伙，官帽、红袍、腰带、厚底靴，都添置全了。

橙子学习拉京胡，姥爷就专门学了唱段，祖孙俩一个拉一个唱，自得其乐。两个人还一起做髯口，花上半天时间研究怎么才能让毛线做成的髯口又顺溜又有垂感……

看到这样的场景，局外人都会感到那种频率一致的和谐与其乐融融。

而有一种"活在当下"的陪伴，却是容易让人忽视的误区。

有时候，大人看起来是在全神贯注地用心陪伴孩子，但实质却是一种全神贯注的控制。不是"用心"陪伴，而是"用力"陪伴。貌似活在当下，实则活在将来。这样的父母，你会感受到他们的焦虑，所有的游戏都不是单纯的玩耍，都预示着孩子将来能否成才，或者都是为了孩子将来能成才。

家教群里一个妈妈讲了自己的经历。她在群里发了两张贴图作品，一张贴得乱七八糟，毫无章法，另一张用同样的材料贴出了一只漂亮的小鸟。她说其中有一张是她两岁女儿的作品，请大家猜猜是哪一张。随后她讲了这两张贴图背后的故事。

周末，她陪着两岁多的女儿在商场里做手工贴图，主要步骤都是女儿自己完成的，她在旁边负责打下手，两个人有商有量、配合默契，女儿做得很开心。最后的成品在成人眼里可以说是乱七八糟，但这就是两岁孩子的正常水平。

她们旁边的一对母女也在做手工，女儿也是两岁多，只是她们的气氛不是很愉快。这个女孩每做一步，妈妈都在一旁指挥着。贴在哪里、怎么贴都要按妈妈说的去做，贴得不对了还得返工。有时这个妈妈看得心急，就自己动手替女儿做。整个过程，小女孩都做得闷闷不乐，虽然她们最终收获了一幅漂亮完美的作品。

太过用力的陪伴，其实反映了父母的焦虑，担心孩子做得不好，就要时时以大人的角色介入掌控，而不是作为孩子的朋友，以同等的姿态陪伴

共处。说起来,这也是一种"调频",只不过是大人试图让孩子的频率调得和自己一样。这样的陪伴,费心费力,貌似为了孩子,其实是为了自己,对孩子有害无益。

陪着,是身在曹营心在汉,是身未动,心已远。

陪伴,是频率一致,活在当下,两个人之间有精神的贯注和交流。

高质量的陪伴,不论大人还是孩子,没有人是勉强的、委屈的,两个人都能从中受益并得到乐趣。在这个过程中,我们一点点找回蒙尘已久的童心,唤醒沉睡已久的好奇心,和孩子一起享受单纯的乐趣,全身心地活在当下。

身为父母,学会好好陪伴孩子,其实也是一种人生的修行。

从"法系妈妈"到"佛系妈妈",我是怎样做到的?

一到冬天,橙子就总喊嗓子不舒服,我让他每天睡前喝一点水,可他总是忘记这事。那天,橙子已经钻进被窝了,我问:"喝水了吗?"橙子吐吐舌头:"忘啦。"

看得出来,他懒得再从被窝里爬起来到厨房喝水。好吧,我去倒了一杯水,端给橙子。橙子有一点点意外,笑嘻嘻地说:"谢谢妈妈。"

这样的做法是不是很佛系?要知道,几年前,我更像一个"法系"妈妈。遇到类似的情况,我会直接发布命令:"起来,去喝水。"我知道橙子会听话地起床喝水,虽然有点不情愿——养成好习惯,不用点强制手段怎么行?

后来,我觉得这样做太强势了。再出现类似情况,我学会了让自己转身走开。我的内心独白是:喝水是他自己的事,喝水少嗓子会疼,那就让他疼一回,得到点教训,下次就记得喝水了。

然而,毕竟是自己的孩子,还是担心他嗓子会疼,又想矫正他的行为,其实并不能真正放下。心里挺拧巴,脸色自然不好看——也不知道是和孩子较劲,还是和自己较劲。

再后来,我发现自己有了新的变化:不再那么坚持"原则",不再把这

些"应该"做的事看得那么重要——能做到最好,做不到也没什么。

是什么让我从法系转变成佛系?

因为,我发现了一个秘密,一件比坚持"原则"、让孩子学会"规矩"重要一万倍的事,那就是我和孩子之间的情感联结,以及我处理事情的方式对孩子潜移默化的影响。

要知道,在一件事情上,我们教给孩子的,其实是两套东西。

一种是表面的:比如各种规矩、原则。

一种是深层的:我们如何教给孩子规则,我们处理这件事的方式、态度,在无意中给孩子树立了一个榜样,把我们的人生观、价值观传递给了孩子——这些,对孩子的影响更深远。

比如我让橙子喝水这件事。我命令橙子去喝水,一次两次三次,橙子也许也能养成喝水的习惯。但是,除此之外,他还学会了用强制、命令的方式去解决问题。

他在亲子关系中学到的是命令/顺从模式,长大以后,他就会把这个模式应用到他的人际关系中。在他和人相处时,不是强势的一方,就是顺从的一方。除此之外,他不会、也不知道其他的模式。更重要的是,因为从小就习惯了妈妈这样对待他,这种模式已经扎根到他的潜意识中,他压根就不会意识到他是在用这种模式思考问题。这就成了他的性格,成了他的本能、他的命运。

同样是喝水这件事,我没有让橙子"必须"去喝水,而是给他端来水。从我的做法中,他就体会到了,没有那么多的"必须""应该",很多事情可以更灵活、更有弹性地处理——这样不行,还可以想变通的方法。

要知道,很多人的烦恼都来自头脑中自以为的"必须""应该"。当一个人固守他头脑中的条条框框时,只要外界的人和事不符合他的"必须",他就会感到痛苦、烦恼、愤怒。

比如喝水这件事,橙子体会到的是关系的温暖,体会到妈妈是爱他的,他是好的，是值得被温柔对待的。我们之间的情感联结是被加强的。我相信，在温暖和爱中长大的孩子，他的生命底色也是暖色的，他在人际关系中是放松的，不用时时担心被指责、被惩罚。这样的人，会有更多的幸福感，他对自己有信心，对这个世界有信心、有善意。

如果我强迫橙子去做事，甚至动用了打和骂，虽然我的本意是好的，是为了孩子着想，但是，他在感受上接收到的，却是攻击和伤害——尽管在理智层面，他也知道妈妈这样做是为了他好。感受会进入人的潜意识，它比理智更深远地影响一个人的未来。

这也是为什么很多人长大后都会说：我知道爸妈也是为我好，他们是爱我的。但是，他们还是会出现很多问题，并把问题带到下一代。因为他们只是"知道"，却没有"感受"到父母的爱，因为和父母之间的感情联结断了——在一次次的强迫、训斥、打骂中断裂了。

这就是法系和佛系的不同：

一个霹雳手段，一个慈悲为怀；

一个赢了一场战斗却输了整个战争，一个看似输了一场战斗却赢了整个战争。

很多父母可能会担心："难道为了维护亲子关系，就不讲规矩了吗？""不管孩子，由着他的性子来，那不是溺爱吗？""又要维护亲子关系，又要教给孩子规矩，我到底该怎么做？"

首先，规则是要有的。但要分清，哪些是真正的规则，哪些是头脑中的自以为是。很多人所谓的规则，其实只是他头脑中的"自以为是""想当然"，是偏见的、局限的，是站不住脚的。这样的规矩，只是琐碎的管制，大大小小、层层叠叠，只能把孩子束缚得透不过气来。

其次，不管并不是真的不管，不管 ≠ 溺爱。孩子要管，但是，要不动

在温暖和爱中长大的孩子,他的生命底色也是暖色的,他在人际关系中是放松的,不用时时担心被指责、被惩罚。这样的孩子,会有更多的幸福感,他对自己有信心,对这个世界有信心、有善意。

声色、潜移默化地管。在不和孩子形成对抗和冲突的基础上，去引导他，激发他内在的能量去成长。

几年前，我在尹建莉老师的书中读到一个小故事：孩子玩游戏正着迷，午饭已经摆上桌，妈妈喊了好几次吃饭，孩子总说等一会儿。如果你是妈妈，你该怎么办？

第一种做法：把饭倒掉，饿他一顿，下次就知道按时吃饭了。

第二种做法：把饭菜端给孩子，想吃随时吃。

尹老师选择的是第二种。

那时，我不太理解，为什么要这样做，这不是惯孩子吗？

现在，我多少明白了。

当我们身心柔软下来，放松下来，就会发现这世界上没有那么多"应该""必须"——在这些条条框框背后，其实还是对失控的恐惧。当我们少了恐惧，内心强大起来，对自己有信心，也会对孩子有信心，不会担心孩子会就此堕落。爱、自由、尊重，不会使人堕落，只会使人更珍重自己，变得越来越美好。

最后，让孩子懂得规则，并不是必须让他感到难过、羞愧。

有多少父母头脑中有这样根深蒂固的观念：惩罚、训斥→让孩子感觉难受、羞愧→他才能长记性。是的，这样做也许会起到立竿见影的效果，孩子会牢牢地记住。但是，对亲子关系的破坏、孩子内心郁积的愤怒、委屈、恐惧，是会影响孩子一生幸福的。孰轻孰重，不用多说。赢了一城一池，却输掉了整个王国，这是很多父母都会犯的错误。

那么，怎么做才好呢？

与其事后惩罚，不如事先预防。

惩罚和训斥，意味着你和问题一起，站到了孩子的对立面。预防，是你和孩子一起携手解决问题。

还是来说橙子喝水这件事。为了防止橙子再忘，一天晚上，我和橙子一起罗列了睡前要做的事：洗漱、喝水、涂唇膏、整理书包。我说："每天临睡前，你要把这几件事全部做完，我才会去陪你睡觉。如果有遗漏，我就没法'启动'了。"橙子很爽快地答应了。这之后，我只需简单地提醒一句："全套都做完了吗？"后来干脆简化成两个字："全套？"

现在，橙子基本上不会再忘了，几件事全部做完以后，他会跑到我面前，挺着小腰板立正敬个礼："妈妈，都做完了，过来陪我睡觉吧！"皆大欢喜。

一个读者向我抱怨她的老公，人是好人，本性不坏，就是脾气暴躁，发起脾气来像变了一个人似的，浑身竖满了刺。孩子作业粗心，他一把就把作业本撕了。妻子说了一句"今天的菜有点咸"，他能立刻把菜全部倒掉。

妻子很清楚老公的问题。老公小时候，父亲脾气也是很暴躁，对他特别严厉。与总是和爸爸对着干的哥哥相比，老公小时候非常乖巧顺服，但长大以后，脾气却越来越像父亲。有一次过年回家，父亲又训了老公几句，老公一下子爆发了："你不许再说我！"随手狠狠地把一只板凳摔得支离破碎。

老公是很爱他的父亲的，但是，因为父亲多年来的严厉，他们没办法走近彼此。四十多岁的人了，不允许别人说他有一点问题，不愿意受到一点点控制，夫妻关系一直很紧张。他在争吵中大喊："你们谁都别想控制我，谁想控制我，谁就走！"

这个男人的父亲，用法家的手段树立了规矩，让孩子变得顺服听话，然而他赢得了一场战斗，却输掉了整个战争——他的孩子一生的幸福和快乐。

所以，你的选择是什么？

嘴上说着爱孩子，
可能你已经嫌弃孩子一万次了

如果有人问你："你爱你的孩子吗？"

相信每一个妈妈都会毫不犹豫地回答："爱！"

如果再问你："你会嫌弃你的孩子吗？"

很多妈妈可能会迟疑一下："怎么会呢？"

真的不会吗？我讲两个故事。

几年前，我参加一家机构组织的亲子活动，老师带着十多个孩子做游戏。孩子们虽然都是第一次见面，但很快就熟悉起来，玩得欢声笑语。

但是，场外却有一个女孩，依偎在妈妈身边，迟迟不肯加入。女孩看上去刚上小学的年纪，神情怯怯的，眼睛盯着场上的活动，身体却紧紧地贴着妈妈，任几位老师怎么劝说，就是不离开妈妈半步。很明显，这个小女孩还没有足够的安全感离开妈妈，去探索外面的世界——虽然她已经上小学了。

这时，妈妈的反应很值得寻味。

一开始，她也是好言劝说，循循善诱。劝了一会儿，她发现这个办法不管用，而且全场就自己的孩子这么"怯场"，还引来了老师和其他家长的

当孩子表现好时，大多数妈妈可以做到温柔耐心。可是，当孩子出现状况，才是考验妈妈们的时刻。当孩子的表现不尽如人意时，才是最需要妈妈给予理解和支持的时刻。

关注，这位妈妈就有些烦躁。她不停地躲开孩子，走到一边，低声呵斥："你别跟着我！你不想玩就自己待着，我不想和胆小的孩子在一起！"

见妈妈这么说，小女孩更是紧张，一边无声地哭，一边紧紧拽住妈妈的衣服。妈妈见状更是烦躁，把她的手扯开："你别靠我这么近！"

小女孩不敢靠近妈妈了，躲到妈妈身后，小手轻轻地拽着妈妈的背包。此刻，她的眼里根本没有场上玩得正嗨的小朋友了，全部注意力都集中在妈妈身上，一步都不离开。妈妈一脸无奈，半是数落孩子，半是向旁人解释："这孩子，从小就认生，也不知道随谁。"

其实"旁人"看得清清楚楚：孩子认生，根源恰恰就在妈妈身上。妈妈没有意识到，孩子的胆怯认生，正是因为感受到了她的嫌弃——嫌弃的言语，嫌弃的表情，嫌弃的动作，让孩子更不敢离开妈妈。她必须紧紧贴着妈妈，以保证妈妈不会真的离她而去——可惜，这只会让妈妈更加嫌弃她。

还有一种"嫌弃"，更为隐蔽。

一次亲子沙龙，轮到一位 50 多岁的阿姨发言。阿姨面目温和，说话不紧不慢。她的女儿 26 岁了，从小就是"别人家的孩子"，听话懂事，学习好，才艺好，各种比赛拿奖拿到手软，毕业后又进了一个好单位。按理说应该很让父母省心，可是这几年，妈妈却越来越担心女儿的变化。

女儿下了班就闭门不出，宅在自己房间里追剧，性格越来越孤僻。很少和家人交流，说多了就吵。谈过几个男朋友，觉得不合适，现在也不着急谈了。还一心想辞职。问她辞职后做什么，也说不出个所以然，就是不想上班了……

阿姨絮絮叨叨说了很多，老师几番问话下来，多少明白问题出在哪里了——这位妈妈对孩子管教得太严，只不过是用了一种看似温柔的方式。"温柔的绞杀"导致孩子生命力的萎缩，和盲目的叛逆。

老师试图让这位妈妈明白问题出在哪里，一番话说得众人点头称是。这位妈妈听完，却依然说：我女儿从小钢琴几级，小提琴拿过什么奖，从小特别懂事，不让我们操心，单位也好……

老师换个角度再说，阿姨也换个角度继续说女儿辉煌的过往。两个人的话好像两条平行线，永远无法交汇。显然，这位妈妈一直活在自己的头脑里，活在女儿曾经的辉煌里，她无法接受女儿的现状，无法接受有这样一个自闭、困顿、状态不好的女儿。她来亲子沙龙，还是希望老师有办法帮她改变女儿，丝毫没有意识到，正是自己看似温柔的强势绞杀了女儿的生命力。

不能说，这位妈妈不爱女儿，看上去，她为女儿的事操碎了心。但她更爱的，是她自己，是自己的面子。女儿变成这个样子，她却一直沉浸在女儿优秀的过往中，无法自拔。她念念不忘的，是作为有一个优秀女儿的母亲曾经的自豪，是旁人艳羡的目光，是自己的顺心顺意。她根本不能接受有一个出状况的女儿，因此也看不到女儿生命的困顿，更无法察觉自己的问题。表面上是忧心忡忡的爱，背后隐藏的却是"你怎么能这样"的嫌弃。

当孩子表现好时，大多数妈妈可以做到温柔耐心。可是，当孩子出现状况，才是考验妈妈们的时刻。当孩子的表现不尽如人意时，才是最需要妈妈给予理解和支持的时刻。

然而，很多妈妈此时早已被巨大的"羞耻感"所淹没，觉得孩子让自己丢人了，下意识就会和孩子"划清界限"——

要么逃避，远离孩子：你这种表现，我不愿意搭理你，我和你不是一伙的。要么站到众人一边，训斥孩子：向众人表明，不是我不作为，我没问题，是孩子自己的问题。通过嫌弃孩子以证自己的清白。

有人会说，这是有些女人虚荣心作祟，是自私，所以才爱面子胜于爱孩子。我倒觉得，是因为智慧不够，是这些妈妈的内心还没有长大。

尽管已经有了孩子，但很多女人内心还住着一个没有长大、需要呵护的小女孩。这个小女孩缺乏足够的力量，也缺乏足够的自信，她非常在意别人的评价，渴望得到他人的认可——她支持自己还不够，怎么可能给到孩子支持呢？

她连自己都嫌弃。

内心不够强大，就无法接纳、把控各种变化，所以最好外界的一切都顺遂己意，否则就会张皇失措，怨天尤人。内心的很多东西没有理顺，所以就会特别注重那些表面的东西，在乎外界的评价，以满足小我的虚荣。

我们经常看到报道，当孩子遇到危急情况，妈妈会奋不顾身去救孩子。我们称颂母爱的伟大和无私。但是，在更多的平常日子，在一些不起眼的微小时刻，当孩子在无声地呼救，我们是否能听到孩子的"呼唤"，去"救"孩子？

正是妈妈一次次的"无动于衷"甚至"落井下石"，让孩子的内心体验到了无望和被抛弃。

危急时刻施以援手，考验的是勇气。

平常日子，能看到孩子的困境，并施以援手，考验的是智慧。

如何拥有智慧？方法无他，就是学习和成长。通过学习，更多地了解孩子内在的需求，了解自己行为背后的深层动机。如何成长？就是在一件件事上磨，多觉察，多反省，让内在的能量畅通。

只有学习和成长，才能让内心的小孩强大起来，有力量爱自己，也有力量爱孩子，也才能让爱变得更加深刻、厚重——爱孩子、爱自己，如其所是，而不是只爱孩子表面的优秀，只爱自己表面的荣耀。

那时，你就会发自内心地说出这句话：孩子，无论你怎样，我都在你身边。

——这也是每一个孩子最希望听到的话。

小心你和孩子间隐形的权力之争

先讲一个小故事。

有一次,我和橙子去798玩。那里有很多小店,卖各种有创意的小玩意儿。橙子一进去眼睛就忙不过来了。一会儿跑过来说:"妈妈,你给我买这个指尖陀螺吧。"一会儿拉拉我的胳膊:"妈妈,我想要那个宝剑。"

眼看就要陷入"同意 / 拒绝"的拉锯战中,我掏出50元钱给橙子:"老规矩,这是你今天的活动经费,买小玩意、买零食、买饮料都可以,你自己决定怎么花,可以吗?"橙子开心地点点头。局势很快发生了转变。橙子不再缠着我要东要西了,他开始在指尖陀螺和小宝剑之间来回游移,最后停留在宝剑前。

第二个选择来了。各式各样的玩具宝剑有十几种,橙子又开始犹豫了,拿起这个,又看看那个,比较来比较去,拿不定主意。

我挺喜欢其中一把绿色的宝剑,看起来更精致一些,就推荐给橙子。橙子看了看,又放下了。好吧,我控制自己不再多话,耐心地陪在一边,等他自己做出选择。最终,橙子选了一开始就看中的那把红色宝剑,自己掏出钱买了。看得出,橙子非常喜欢,一路上剑不离手,比比画画玩个不停。

走了没多远,我们又发现一家小店。这家的玩具兵器看起来更炫、更精致，价格也稍微高一些。橙子一眼就看中了一把刀，爱不释手。向小店的阿姨问了价格，发现超出他余下的活动经费一大块。橙子有点沮丧，不说话了，拿着那把刀翻来覆去地把玩。

我有点心软，告诉他："要是特别喜欢，我可以帮你再垫点钱。"

橙子想了想，摇摇头："不了，我下次再买吧。"

我有点吃惊，又有些欣慰：没想到他会做出这样的选择。

然而橙子没有立刻离开，站在那里把玩了半天，我就静静地陪在他身边，直到他说："咱们走吧。"

很多父母都有这样的苦恼：孩子好像有永不满足的物质欲望，一出门就要买东买西，见啥要啥，不给买就胡搅蛮缠、哭闹不止。答应买吧，怕惯坏了孩子，让他的胃口会越来越大。不买呢，又不知道怎么处理。费尽口舌讲道理不听，最后只能靠吼和打，过后又为自己的粗暴自责不已。

其实，当你在反复纠结"买还是不买"时，就说明你已经陷入和孩子之间的权力之争了。权力之争的意思是：这事谁说了算？我听你的，还是你听我的？

简单说来，孩子要买东西，是在表达他的主张，想要自己做主。而父母往往出于各种理由拒绝孩子，暗含的意思就是：你这样做是不对的，我说的才对，你要听我的。

当陷入权力之争时，父母很容易陷入一个单一的思维模式里：要么同意，要么拒绝。而不管是同意还是拒绝，其实父母还是把权力牢牢抓在手里，孩子想要自己做主的深层心理需求并没有得到满足——虽然表面上，他也许得到了想要的东西。

所以，一旦有机会，他还是会发起新一轮权力之争。

而很多时候，一个乱要东西、胡搅蛮缠的孩子身后，往往有一个管得过多、管得过严的妈妈（也可能是爸爸）。这个不许做，那个不能买，作业

要盯着，天天催催催……心情好的时候，讲一番大道理。火气上来了，就是一顿吼和打。在这样的环境中，到处都是条条框框，孩子被管得密不透风，他的自我被大人的气势逼到角落里，缩得很小很小。

有压迫就会有反抗，潜意识会到处寻找有缝隙的地方，千方百计想钻出头来透透气，用各种方式来"做自己"——哪怕是以扭曲的方式。既然在家里什么事都得听妈妈的，那么在外面，买个零食、玩具、文具，这些无关紧要的事情上，我就要自己做主，表达我的意愿。

这种情况下，大人所有的说服、讲道理、吼、训斥，对他来说就意味着两个字——拒绝。拒绝得越多、越厉害，也许表面上压制了孩子要买东西的行为，但孩子的主张也被压制了，一遇到类似的情况，就又爆发出来。

亲子之间的权力之争，没有赢家。

解决的方法其实很简单，我在开头的小故事里就用到了：既然孩子想要自己做主的权力，那就满足他——父母适当后退，在一定的范围里放权，让孩子自己做主。

比如，去超市前和孩子商量好，这次咱们只能买两种（具体几种，要和孩子商量好）零食，具体买什么，你自己决定。

比如，孩子要吃肯德基，那就和孩子商量好，一个月只能吃一次。至于什么时候吃，由他自己决定。如果不放心，还可以再强调一下：咱们说好了，可以买零食，但只能买两种。咱们都要说话算数，好不好？

孩子都是喜欢说话算数的，让他自己做出承诺，他一般就会很自觉地遵守。（我们大人也是，承诺从自己嘴里说出来，就有一种仪式感，自我约束力会更强一些。）

这时，"敌我"矛盾就变成了"人民内部"矛盾。孩子的注意力由和父母对抗、争取权力，转移到自己的内心，在反复比较、思考中倾听内心的声音，选择自己最想要的东西，自我的意愿通过这样的方式得到了表达。

需要注意的是，当孩子在做选择时，很多父母会忍不住发表自己的意见，在旁边嘀嘀咕咕，"引导"孩子选择父母自己比较中意的东西。他们的理由也很充分：孩子还小，什么都不懂，只会瞎挑。不如选这个，质量更好，看上去不那么垃圾，那个家里已经有不少了……理由一大堆，出发点都是一个：我是为了孩子好啊。

你知道吗，这也是一种变相的、隐蔽的、温柔的控制——你还是想把挑选东西的权力抓到手里，想为孩子负责。这样的控制只会让孩子觉得烦躁，意识到你所谓的"让他自己做选择"只是一种姿态，是虚的。几次下来，孩子就不愿意配合你玩这个游戏了，重新陷入权力之争——而且争夺得更细致全面，从买不买争到买哪个，只要有一点空隙，孩子下意识地就会发起战争。你会更困惑：我都放手让孩子自己做决定了，他怎么反而越来越不讲理，越来越胡搅蛮缠了？

孩子行为的变化其实是一面镜子，你可以由此看出自己哪里做得对，哪里做得不妥当。当你给予孩子信任，孩子也会回报以信任。当孩子乱要东西的事情总是发生，我们需要觉察，是不是平时对他管得过多？

我们要学会把危机变成契机，把日常小事当作练习——练习和孩子沟通协商，练习放权给孩子，练习尊重孩子的选择，接受在一个范围内所有可能的结果。

日久天长，这样的选择练习会帮助孩子成为一个更自信、更有主见的人。他会明确知道自己想要什么，也知道需要适度地控制自己的欲望，学会延迟满足——这两种品质是眼下很多成年人都不具备的。

夸奖孩子，还是欣赏孩子，造就不同人生

这些天，我总在琢磨"夸奖"这个词。说实话，我不太喜欢这个词，以及它的同义词"表扬"，和它的反义词"批评"。

仔细体味一下：夸奖，本身就包含了一种自上而下的优越感，有着评判、比较的味道。就好像父母在孩子面前是全知全能的，比孩子站得高看得远，掌控着全局，以一种俯视的视角看待孩子的一言一行。做得好，就表扬，做得不好，就批评，此外，还要适时加以"鼓励"。

夸奖，实质上是一种控制，尽管是用一种看起来很积极的方式。

想一想，我们都会在什么情况下夸奖孩子呢？当孩子达到了你的某种预期，就用夸奖作为手段强化这种行为，让他再接再厉，更加符合你的预期。夸奖的目的，是为了强化孩子的行为。

与此相对，我越来越喜欢"欣赏"这个词。

欣赏，是一种平等的姿态，有一种尊重的意味。

孩子并不一定做得很好，也许没有达到你的预期，但你在这个过程中看到他付出的努力、展现的意志、他的专注、他的品格、他的兴趣……你看到了他这个人，通过你的反馈，让他能更清楚地认识自己，明确自己是谁，更好地爱自己。

欣赏，会让孩子走得更远、更稳。

在夸奖中长大的孩子，和在欣赏中长大的孩子，是不一样的。

朋友的孩子上高一，前几天，颇有兴趣地和妈妈讨论了他的新发现：原来学霸和学霸也是不一样的。他发现，有的学霸不仅学习好，为人也随和热情，兴趣广泛，能和大家打成一片；而有的学霸，虽然学习成绩好，但表现得很高冷，不爱和同学们交往，除了成绩很好，没有其他兴趣和特长。他说：我喜欢和第一种学霸玩，第二种学霸太无趣了，让人敬而远之。

很明显，造成这种差异，除了性格原因，还有自信心的问题。

第二种学霸虽然学习好，但他内心可能是不自信的。他不相信自己本身就很好，只能用优异的成绩（外在的标准）拼命证明自己，取悦别人。好成绩成了他的盔甲，让他看起来很强大，实际上，他的生命力是往内收的，没有绽放开。

第一种学霸从内心就认为自己很好。他爱自己，也相信自己的能力，成绩好只是表现之一。他的生命力是舒展的，也会吸引别人靠近他。

对于学霸们来说，从小到大，家长和老师的表扬是少不了的。但，是表扬他的成绩，还是肯定他为之付出的努力？是夸奖他聪明，还是看到他的锲而不舍？这其中的微妙，日积月累，会让他们的人生之路产生巨大的差异。高中阶段，仅仅是一个开始。

夸奖，是来自外界的动力，过度的夸奖，只会让孩子更加在意外界的评价，在意别人的眼光，他会认为：只有自己达到了某个标准，他才会被认可，别人才会喜欢他。而欣赏，是看到孩子的努力，看到他的独特之处，表达出来是让孩子自己也看到，从而激发他内在的力量，更有勇气做自己。

夸奖，是对行为和结果的肯定，看到的是事；欣赏，是对努力和过程的看见，看见的是人。

在生命的层面，我们每个人都是平等的。平等，就意味着没有谁高谁低，没有评判，而是理解和尊重。尊重一个生命的成长过程，尊重他的独特之处，不是用夸奖和批评来修正他的言行，而是用欣赏和理解去接纳他的一切。

夸奖，是用结果来衡量；欣赏，关注的是过程中表现出的品质。

夸奖，本质是一种控制；欣赏，本质是对孩子的尊重和理解。

夸奖，给到的动力是外来的；欣赏，是让孩子从内在生长出力量。

夸奖，会让孩子过于在意外界评价，注重行为结果，缺少动力去挑战和创意；欣赏，让孩子学会爱自己，相信自己，更好地做自己，内心有足够的能量去迎接挑战。

夸奖与欣赏，说到底，是一个教育理念和心态问题。很多家教类的文章告诉我们，夸奖孩子是有技巧的，比如，不要一味地只夸"你真棒""你真聪明"，要夸孩子具体做的事，要告诉孩子自己的感受，夸奖他付出的努力……这些都没错。可是，如果不明白为什么要这样做，只是生搬硬套这些技巧，结果往往收效甚微。

问题出在"道"上面，没有掌握"道"，再多的"术"也无济于事，甚至适得其反。当父母和孩子之间是审视与被审视、控制与被控制的关系时，无论我们再怎么注意完善夸奖的技巧，都只是学会了"术"，而忽略了"道"。

我们始终把自己牢牢地定位在家长这个角色上，虽然嘴上说要和孩子做朋友，一切为了孩子，但很难做到不把孩子当小孩——我强你弱，我知道你不知道，我正确你错误，这是很多家长潜意识里固有的模式。因为内心是居高临下的，所以无论掌握了多少科学方法，表达出来的还是一种评判和控制。

有没有可能，换一种眼光，把孩子看作一个完整的、本性具足的生命，和你一样的生命，用一个生命对待另一个生命的方式去平等地对待他？

在生命的层面，我们每个人都是平等的。平等，就意味着没有谁高谁低，没有评判，而是理解和尊重。尊重一个生命的成长过程，尊重他的独特之处，不是用夸奖和批评来修正他的言行，而是用欣赏和理解去接纳他

的一切。

怎样才能做到欣赏孩子呢？《被讨厌的勇气》的作者认为：所有人，不论大人还是孩子，都是"虽然不同但是平等"的。父母既不是把孩子当作成人来对待，也不是当作孩子来对待，而是把孩子当作与自己一样的一个人来真诚相对。试着带着一颗好奇心去欣赏孩子，多问问孩子这个问题：我很好奇，这件事，你是怎么做到的？

我一直在有意识地做这样的练习。

有一次，橙子需要背一个唱段的琴谱。琴谱很长，密密麻麻一整页，确实有难度。橙子哀号了几天，发愁什么时候才能背完。谁知没过两天，放学的时候，橙子兴奋地告诉我：妈妈，我把琴谱整个背下来了！

我很吃惊："哇，这么棒啊！这么快就背下来了，你太厉害了！"

橙子就嘿嘿笑。

我能感觉到，这样的夸奖还不够，还是流于肤浅。另外，我真的很好奇，他是怎么把这一大篇琴谱背下来的，设身处地地想想，换成我来背，也是够让我头大的。于是我用大拇指作话筒，伸到橙子面前："橙子同学，请问一下，你是怎么把这么长的琴谱背下来的？我很好奇，能告诉我你的经验吗？"

橙子想了想："我就是背啊背，我发现有些地方是重复的，多背几遍，背得熟了，眼前就出现了一个画面，上面就是琴谱，我照着念下来就行了。"

多么有趣又独特的回答，我好像"看到"了他是怎么背琴谱的。而我的"采访"，不仅肯定了他的成绩，让他看到了自己的努力，还促使他反思了自己是怎么做到的，使这件事升华成一个经验，以后再遇到类似的事情时，他可能就不那么发怵了，无形中也提升了他的自信心。

欣赏，就是"看见"孩子自身的力量和独特之处。这个"看"，不光是用眼睛，更重要的是用心去"看"，设身处地地去体会孩子为之付出的努力，体会他在成长过程中一点一滴的进步。

其实，何止是孩子，人人都需要被"看见"、被欣赏，从而感受到自己是有价值的和被理解的，在这个过程中，人会对自己生出信心，也和他人之间培育了善意。

我们在一朵娇弱的小花、一颗不起眼的石子上都可以看到自然的奇妙，为什么不试着从孩子身上发现更多生命的神奇、人之所以为人的妙不可言呢？

对别人有效的教育方法，
为什么你用一个毁一个？

暑假，橙子会到姥姥家住一段时间，我每周末会回去看他。橙子姥姥发现，有些事情，平时她唠叨半天、连哄带吓唬，才能让橙子去做，而我会想个办法，三言两语，橙子就乐颠颠地去做了。橙子姥姥一看这办法挺管用，就照猫画虎，学着我的做法来。结果呢，我就眼睁睁地看着这个方法被用得走了形，变了味，失了效。

比如做家务，我可能会把家务活和做游戏设计成两个任务，做完家务再玩，就像闯关一样。橙子姥姥也如法炮制，但不知怎么，说出来的话就带了"利诱"的色彩：只有做完家务才能玩，好像做游戏是有条件的。

橙子就会笑嘻嘻地和姥姥讨价还价。姥姥即使假装板着脸，橙子也知道她是虚张声势。磨啊磨啊，姥姥的耐心被磨得差不多了，开始"威逼"：好好说不听，你愿意怎么着就怎么着吧，我不管了！

看到姥姥发火了，橙子这才乖乖去做。

估计姥姥心里在想：看来还是发一顿火管用。而我想的是：教育孩子，只照搬方法，没学到理念，哪怕是自己的亲妈也不灵啊。

很多父母都有类似的问题：明明别人用起来挺不错的方法，用到自己孩子身上却没效果，甚至搞得一地鸡毛，用一个毁一个，到头来，还是自己的老办法管用——吼一顿或打一顿。

原因很明显：每个孩子的个性不同，每个家庭的环境不同，父母和孩子的相处方式不同。哪怕是同一个孩子，同一个问题，发生的情境不同，都会导致解决方法的千差万别。

而更深层的原因则是：很多父母只学到了方法，却没有领悟到方法背后的理念。而理念，才是解决问题的核心。

没有理念的支撑，原本很好的方法，都会用走了样。就像让橙子做家务这件事，当我理解了自体心理学派创始人科胡特（Heinz Kohut）所说的"不含诱惑的深情，没有敌意的坚决"，我就会注意说话的措辞和语气，让他从做家务中感受到乐趣。而同样的话，橙子姥姥说出来，就有了条件交换的意味。因为在她看来，所谓方法，就是为了达到让橙子做家务的目的。

没有理念的支撑，学来的方法只停留在技术层面，有效性不会太久。专家一直告诉父母们，不能打骂孩子。有的人会试着转变心态，发现念头转了，事情原来还有很多解决方法。有的人只是学到了皮毛，做到了表面功夫。不能打骂孩子？那我就忍。一味地忍，忍啊忍，忍了几天，实在忍不住了，积攒的火气一下子爆发出来，对孩子的伤害反而更大。

没有理念的支撑，情境稍微一变化，就不知道该怎么应对了。同样的方法，每个孩子的反应千差万别，怎样回应，何时该坚持，何时该有所妥协，一句话该怎么说，说到什么火候，这些，没有人能手把手地教你，只能凭自己的感觉去拿捏。

比如，当橙子因为心中有委屈，忍不住掉眼泪。我试着和橙子共情，说出他的感受，结果，他反而哭得更厉害了。我能感受到，这是孩子的情绪得到认可后的一种释放，是非常正常的，所以我没有去制止，而是搂着他，耐心地等他把情绪释放出来。

如果换一个人，当他不能体察孩子的情绪时，可能会变得烦躁：和孩

子共情,这是什么损办法,不用还好,用了反而更糟,孩子哭得更厉害了!还不如大喝一声:别哭了!见效快。

我对理念的重视,源自我的一位作者。

多年前,我还是职场新人,进入出版行业不久,发现了一本讲礼仪修养的书稿。这部稿子让我看得心潮澎湃,觉得真是一本好书。果然,书出版后非常受欢迎,销售了几十万册,引领了一个小小的热潮,成为这个领域的经典之作。

我一直在琢磨,市场上同类书这么多,为什么是这本书卖得好?直到有一次,我陪作者接受专访,记者也问到了这个问题。作者的回答让我受益至今。

她的大致意思是:这本书和其他同类书最大的不同,就是用一个个真实的事例将读者带入情境,从中提炼出理念,告诉读者为什么要这样做。换言之,它传达的是一种理念。只有当你明白了其中的道理,才会发自内心地想要去改变,也才会灵活地把握,知道怎样做更合适。而市面上很多同类书都是 ABC、123 地罗列出很多条条框框,告诉人们要这样做,不要那样做,握手要用几分力度,微笑要露几颗牙齿……规则太多,一是记不住,二是反而成了束缚,不能内化成自己的东西,换个情境就不知该怎么办了。真正的礼仪达人,是在理解礼仪精髓的基础上融会贯通,浑然天成,而不是死记硬背,生搬硬套。可以说,这本书和其他书的不同之处,就是世界观和方法论的区别。

作者的话让我茅塞顿开,也明白了为什么看这本书时我会心潮澎湃,而看其他的礼仪书就味同嚼蜡。我也由此明白,知道为什么要这样做(why),远远比知道怎样做(how)更重要。授人以鱼不如授人以渔。明白了道理,改变就是自然而然的。知晓了道,对术的运用就可以融会贯通,灵活应用。

可是，为什么那么多人热衷于寻找方法？

是因为在他们的眼里，是孩子有问题，需要改变的是孩子。孩子没有改变，只是"方法""工具"用得不对。只要找到正确的方法就万事大吉了。他们没有看到自己身上的问题，没有明白孩子的问题其实是父母问题的显现。或者说，即使看到了自己的问题，但改变自己实在是太难了，太痛了，不知不觉就变得"宽于律己，严于律人"了。于是在潜意识里就想走捷径，想求助于外力和工具，以为总能找到一个疗程短、见效快、一用就灵的方法。

可是，父母就是问题制造者，自己不改变，怎么能指望孩子做得好呢？

我的一个老师，曾经做了一个项目，是在一所中学里为学生做心理辅导。做得久了，就有些灰心。因为她发现，即使在学校里帮助学生解决了问题，等学生回到家一段时间，好不容易取得的成果就前功尽弃了——父母不变，孩子的成长环境不变，单靠自己的力量，孩子很难改变。

所以，真正管用的，是从和孩子的关系入手，和孩子的相处模式入手，从改变自己入手。改变自己，看起来很难，实际上是最容易的一条路。

改变自己，首先要改的，就是原有的理念。不仅要学方法，更要学方法背后的理念。一招一式容易学，难的是练内功，没有扎实的内功，再厉害的招数也成了花拳绣腿。方法千差万别，千变万化，最重要的核心理念却很简单。我以为，就是**爱与尊重**。

爱孩子，接纳他就是这样的一个人，接纳他的独一无二。和孩子建立有爱的、温暖的关系，让他感受到你的爱。很多问题自然而然就不再是问题了。

尊重孩子，而非控制他，尊重他作为一个人的天性发展，尊重他的自主选择——这些话已经被滥用得快成鸡汤了，然而大道至简，真正能理解、能做到的人又有多少？如果真有包治百病的灵丹妙药，我想就是这两个

词:爱和尊重。还要加上服用方法:觉察。

当人被冲动的情绪所控制,被头脑中的固有模式所控制,满脑子都是各种"应该""必须",就会忘了自己真正想要的是什么。

觉察自己的情绪,觉察孩子的感受,会帮你做出正确的选择。如此,就不会再执着于苦苦寻觅各种方法、拘泥于条条框框。你的内心就会告诉你,当你和孩子相处,此情此景,到底该如何应对。

相信是一种能力，也是一种能量

每周五晚上，是橙子例行放松的时间，他会看会儿动画片。

上周五晚上，快十点了，橙子还在看。橙子爸爸关上卧室的门，悄悄对我说："咱们别去提醒他，看他什么时候自己关掉电脑去睡觉。"我说好。过了一会儿，就听见橙子关掉电脑，进屋去睡觉了。一看表，十点多点——嗯，还不错，还算自觉。

这是一件特别小的事，但我却越琢磨越觉得不太对。第二天一早，我就和橙子爸爸聊起这件事：咱们有这样的想法，其实是想考验一下橙子，看他到底能不能控制自己，这说明我们内心里是不太相信橙子的。考验，说明我们内心的不相信、不确定。

而考验的结果，无非两种。

一种情况是，橙子经受住了考验。那么，我们就认为他是好的，有自控力吗？不一定。因为我们内心始终有个不确定，所以即使这次结果令我们满意，我们还是会忍不住进行下一次考验。

另一种情况是，橙子没有经受住考验，看动画片看到很晚。我们难道就由此认定他缺少自控力吗？也不一定。只能说明，孩子在这一次、这件事上，没有控制住自己。我们不能由此就给他扣上一个"缺乏自控力"的大帽子。

所以，无论结果怎样，考验并不能解决问题，而只能说明我们内心对孩子不信任。我给橙子爸爸举例子。比如说，我有好几次刷抖音刷到深夜一两点，但我并不认为自己是个没有自控力的人。我很容易就可以举出相反的例证——我能坚持两年写公众号文章，没有自控力的人是坚持不下来的。

"你也是啊。你这几天有空就刷抖音，我能由此下结论说你没有自控力吗？显然你也不服气。我们对自己是这样宽容与客观，为什么要轻易给孩子扣帽子贴标签呢？"

橙子爸爸点点头，表示同意。

"那应该怎样想呢？"他问。

"平常心。橙子能主动关掉电脑去睡觉，这很好。如果不能，也只能说明他昨晚很想看动画片，睡得晚了些。就事论事，仅此而已。"

总想着不动声色地考验孩子，冷眼旁观地暗中评判，归根到底，是我们内心不信任孩子，甚至不自觉地以恶意揣度孩子。我们不相信他是一个好孩子。所谓"好"，就是有正确的价值取向，有向上向好的心，内心蕴藏着好的品格的种子。

如果不相信，我们会怎样做呢？

◇ 我们会各种有意无意地考验。孩子经受了考验，我们心里会踏实一会儿。但过不了多久，又会升起不确定，又想通过考验来证明什么。

◇ 各种控制，各种管。因为内心对孩子的不信任，我们压根儿就认为，孩子是不值得信任的，一有机会就堕落、就失控。所以，我们就会千方百计地去管孩子，让孩子严丝合缝地行走在我们设定的轨道上。然而，这个世界的规律之一就是：过多的控制一定会导致失控。

◇ 表面开明，学习各种技巧方法来对付孩子。然而，内心不改变，只生搬硬套各种办法，往往没效果，甚至适得其反。然后你就会想：你看，我按书上说的方法去做了，结果都没用，我家这孩子，没法跟别人家孩子比，就是不学好！更加坚定了你的不相信。

实际上，这个世界上还有一个有意思的规律：你相信什么，你就会得到什么。

前段时间坐高铁，后座一位女士用手机的外放听歌，声音很大。周围的人对此都默不作声。我本打算忍一忍就过去了，没想到她一直在不停地切歌听歌，丝毫没有停下来的意思。我想了想，转过身对她说："麻烦把声音调小一些好吗？谢谢。"

她看了看我，随即把声音关掉了。

这件事，让我有微微的感慨。同样一件事，可能有两种情况。

第一种，我会想：这人真不自觉，在公共场合这么大声地放音乐，太没公德了。当我内心把她认定为一个不自觉、没公德的人时，可能说出口的话就不自觉地带了指责的语气：你能把声音调小一点吗？对方感受到攻击，自然会反击，很可能会发展成一场争执。

第二种，我也可以想：她就是和我一样普普通通的人，她只是没有意识到自己打扰了别人，需要别人提醒一下。这么一想，语气措辞就平和很多。而结果也是如此，她意识到了，很快关掉了声音。

这两种不同的应对，根源就在于我心里是如何看待这位女士的，我是否相信她是"好"的，是否用恶意揣测她。我们以为是对方的"好"与"不好"决定了结果，却没有看到自己也在其中发挥了重要的作用。

如果我相信，结果往往会验证我的相信——人心都是向善向好的。

如果我不信，结果也会验证我的质疑——这人果然没公德、素质低。

为什么会这样？这就涉及我要讲的第三个秘密：系统的思维模式。

这个世界是由大大小小无数个系统组成的。当我和你有所互动，我们彼此就构成了一个系统。所谓系统，就是身处其中的每一个因子都会对这

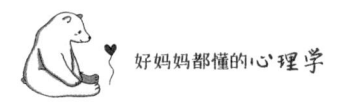

个系统产生影响——包括你,包括我。我们不妨学会用系统的眼光来看待事情。

在我们和孩子的相处中,系统论也同样适用。我的读者群里有位妈妈说:我家孩子不管不行啊,你不管他,他根本就不去主动学习。在她的眼中,是孩子的"不好"导致了她必须去管。

但有没有可能,是父母的不信任、错误的应对方式导致了孩子的问题?父母的严加管教,又加重了孩子的问题,变成了一个恶性循环?

我问这位妈妈:先不说孩子的问题,请先思考一个问题——你想管到什么时候?你能管到什么时候?

因为我看到了太多案例,小学时,父母尚且能管住孩子,到了初中,根本管不了了。孩子不去上学,把自己关在房间里,整天整天地不出门,不和父母交流。父母不知道孩子在想什么做什么,干着急束手无策,和孩子说句话都变得小心翼翼,生怕措辞不当激怒了孩子,连简单的沟通都没有了。

当我问出这个问题,意料之中,这位妈妈又问:不管他,我该怎么做呢?

其实,这位妈妈还是在向外求,想用各种各样的方法来解决孩子的问题。但是,如果她不相信孩子是好的,是可以自我管理的,即使学习了再多方法,都没有用。最终,她还是会认为:这个孩子必须得管,不管不行。问题的根源,在于这位妈妈不相信自己的孩子。

当你不信任孩子,甚至用恶意去揣度他时,你以为你掩藏得很好?你的一言一行、你的眼神语气态度早就泄露了你内心的真实想法。当孩子感受到你的防范、你的不信任,他更容易做出让你不信任的事情来。

觉得难以理解?换位思考一下就明白了。

你喜欢领导认可你、信任你,还是对你严加防范、动辄批评?你在哪种情况下更有动力去做得更好?

如果我们感受到对方的不信任，甚至恶意揣度，我们更容易做出自暴自弃的举动——反正在你眼里我就这样了，爱咋地咋地！我们用自毁来表达内心的受伤。

所以，真正的问题是：不是孩子值不值得我的信任，而是我有没有能力去信任我的孩子。相信，是一种能力。它不需要对方来证明，不需要你的考验，而就是发自内心地相信。

相信，也是一种能量。它会传递给对方，验证你所相信的事情。

相信相信的力量，这是一种智慧。

所以，不妨问问自己，你真的相信你的孩子吗？

一个字解救焦头烂额的父母

端午小长假,几家人一起自驾出游,三个小朋友坐在我们的车上,吃喝玩乐了一通,最初的新鲜感过去,路程还没过半就开始感觉有些无聊了。三个小孩一会儿问一句:"好没意思啊,什么时候到啊?"

眼看着无聊的气氛越来越浓,我赶紧想办法遏制:"从现在开始,不许再说没意思。谁说没意思,谁就负责想个游戏来玩。"话音刚落,一个小孩大声说:"好无聊啊!"另一个小孩跟着说:"真没劲啊!"

哼,魔高一尺,道高一丈,我出台了更"严厉"的限令:"从现在开始,谁也不许说没意思、无聊、没劲,以及所有这些词的近义词。"没想到,又是话音刚落,一个小孩大声说:"无(wu四声)聊(liao四声)!我好物料!"

三个小孩嘎嘎大笑。我也忍不住笑了,这些精灵鬼儿。事后,我觉得这事挺有意思,特别生动地诠释了什么叫"百堵不如一疏"。

当年大禹的父亲治水,采用堵截的办法,最终以失败告终。大禹根据地形地貌,因势利导,采用疏导的办法,最终消除了水患。这个故事人人皆知,然而在生活中,大多数人遇到问题,首先想到的就是"堵"——

不许玩手机。

不许追跑打闹。

不许说谎。

不许干这个，不许做那个……

数不清的"不许"，如同一道道水坝，企图拦截住孩子的行为和意志。口头说不管用，那就动手打。打一次不管用，就天天打，连打带骂。可是问题就像打地鼠一样，屡禁不止，层出不穷。

作为一个人，孩子同成人一样，他的自由意志是强大的，他要做一件事，必定有他的动机。动机的背后，是情绪和情感。而情绪是有能量的，它支撑着动机一定要去这么做，才能得到宣泄释放。

单靠堵，最多只能"堵住"他的表层行为。能量是无法堵住的，就像被压扁的弹簧，越压制，势能越大，一定要伺机从某个薄弱之处反弹回来。就像我不让孩子们说"无聊"，结果他们就想到了无聊的同义词，再禁止，又出现了变音的"无聊"。

小孩撒谎，狠狠打他一顿，下一次，可能会出现更精致细密的谎言。不让玩电脑，有多少孩子逃课去网吧、破解密码，想方设法去玩。百密一疏，顾此失彼，总会有漏洞，单靠堵，是怎么也堵不住的。

堵，意味着对立，意味着我对，你不对，势必加重了对方的反抗。

前两年学习心理学，有了"界限感"的概念，我意识到很多问题都是由此而来，反观自己，我觉得从小到大，我妈妈为我包揽了太多，或者说，控制得太多。

意识到了，我就着手改变。正好赶上回家过年，那几天，妈妈一想管我什么事，我就示意她："停，这是我的事，我自己来决定就好，你不要管了。"

这么示意了几天，妈妈忍不住爆发了："我做什么都不对！我不管了！"

我一下子意识到，我不让妈妈干涉太多，就是想"堵住"她的行为。越堵，水的势能越大，最终冲毁了堤坝，导致泛滥成灾。

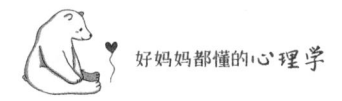

从我妈妈的角度说,理智上,她可能意识到我说的有道理,但我一再地制止她,不让她管我,她在情感上感受到的是拒绝和对立,她心里那股劲儿越积越多,最终爆发出来。爆发,就意味着失控。结果就是,伤人伤己。

遇到问题,为什么首先想到的就是"堵住"它?

堵,是一种排斥,把问题堵回去,看不到问题,就以为解决掉了。堵,最简单省事,不用动脑子,单靠蛮力就行。问题是,孩子小时候可以堵,等他长大了,力量变强大了,你还堵得住吗?

有时候,堵看起来很管用,令行禁止,简单有效。但堵着堵着,就堵成了一潭死水。孩子的自由意志被压制,即使到了三四十岁,都不知道自己想做什么,对生活失去了热切的向往,浑浑噩噩,又忍不住焦虑无比,这样的"空心病"还少吗?

人内心的力量,就像滔滔的河水,势能强大。治理得好,会造福一方。治理不好,就会泛滥成灾,殃及四方。大禹治水靠疏导,我们治心也是一样。透过行为,看到行为背后的动机,再看到内在的情感需求。把情绪往正面积极的方向引导,之前行为的破坏力自然就减弱了。

当然,这需要智慧,需要觉察,需要耐心,比起一味地"堵"费事多了。不过,天下事不都是这样吗?看起来费了事,实际上省了劲;看起来走了捷径,实则更费周折。

前段时间,橙子新添了一个口头语:"胡说八道。"别人说的和他意见不一致,他动不动就来一句:胡说八道。说过他好几次,这样说很不礼貌,不许再说了。他反驳:"这又不是骂人的话。"有一次,饭桌上聊天,橙子爸爸说了什么,橙子张口就说:"胡说八道。"橙子爸爸没像往常那样制止他,想了想说:"你是不是觉得我说的不对?那咱们想一想,能表达类似意思的话,看看能不能想出十句来。"

橙子觉得挺有趣，我们三人就比赛看谁想出来的多，比如：

我不同意你说的话。

你这样说不对。

我觉得你说错了。

……

直到谁也想不出来了，橙子爸爸说："你看，咱们可以用这么多种方法表达这个意思，是不是都比'胡说八道'好？"橙子没说话，点点头。再后来，橙子说"胡说八道"的次数明显少了很多。

回到开头的故事，三个小孩后来不喊无聊了，他们找到了新的乐趣，拿着对讲机和同行的叔叔进行智力问答。数学、历史、脑筋急转弯，各种问题，抢着问，抢着答，玩了一路还意犹未尽。

和妈妈相处，我看到了妈妈管得过多的背后，是对我的关心，是想告诉我，她觉得怎样做对我更好。那我就心平气和地说出我的想法，我为什么不那样做的原因。妈妈理解了，自然就不再多说。

一个人想做一件事，不管在别人眼里是对是错，必然有他认为正当的理由。堵和疏的区别，就在于一个针对行为，一个针对动机，治标还是治本。

当然，"堵"并不是一无是处，有些时候，还是需要拿出家长的权威，告诉孩子有些规则不能违反，有些事就是不能做，毕竟没有规矩不成方圆。

但还有很多时候，单靠堵是不管用的。不信，你看看公共场所的那些标识牌：不准随地吐痰、不准乱扔果皮纸屑，不准乱闯红灯……大大小小的不准有多少管用？人们要么视而不见，要么想方设法钻空子，打擦边球。

人同此心，心同此理。大人孩子都一样。百堵不如一疏。真正能解决问题的，是疏导人心。要心对心，而不是力对力。所以，当你忍不住又要冲孩子喊"不准这样，不许那样"时，不妨提醒自己，在心里默念几遍大禹治水的秘诀。

亲子沟通篇

为什么给孩子讲道理没有用？

我比孩子看得远，但生活比我看得更远，
对每一个人，生活自有他的安排。

嫌孩子不听话?
你该听听孩子的话

橙子快9岁了,这半年多来,有一个字眼越来越多地从他嘴里蹦出来:"不"——我不!就不!不行!不要!NO!NO!NO!

我明白,说"不",意味着橙子的自我意识越来越强大,以及越来越清晰的界限感——这是我的事,我的选择,我可以不听从你的意见。

带着几分欣慰,几分纠结,几分坚定,我也在尽力做好属于我的功课——练习说"好"。

带橙子去买衣服,说好让他自己挑选。结果他挑了一条接近宝蓝色的裤子。我说:"这个颜色不太好搭配,你确定要买这条吗?"

橙子点点头:"你给我买的裤子都是深色的,我想穿鲜艳一点的。我就要这条。"

"要不,咱们再看看其他的裤子?"

"不,我就要这条。"

那好,那就买。

晚上快十点了,早已过了入睡时间,橙子在床上翻来覆去半天,一骨碌爬起来:"妈妈,我想画会儿画。"

"可以啊,你自己决定吧,不过明天还要早起上学,你把握好时间啊。"

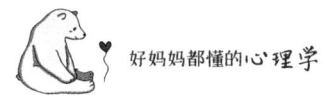

"知道了。"

过了半个小时,我洗漱出来,看到橙子还伏在桌子上专心画画。我没去催促,只是提醒他:"把头抬起来点,别太低了。我要睡觉去了,你自己看好时间啊。"过了一会儿,听到橙子收拾好文具,进屋睡觉了。

但不久以前,我们之间的状态并不是这样的。

我从小个性就有些倔强,很多事非要按照自己的意愿来,甚至哪怕心里明白怎样做更合适,也不愿意放下面子,颇有宁折不屈的风范。在和橙子相处的最初几年中,我也是这样,习惯了让橙子按照我的想法来。

记得有一次,橙子两岁多时,因为什么事我很生气,橙子坐在地上哇哇大哭,说:"妈妈抱抱。"能感觉到,橙子想与我和解,但又放不下他的小自尊心。

我板着脸:"不抱。"

"妈妈,你过来,抱抱!"

"我不过去。"

橙子哭着爬起来,走到我身边,又一屁股坐在地上,向我伸着胳膊,哭着喊:"妈妈抱抱……"

现在想起当时我们母子僵持的情景,我还很心疼那时的小橙子,自己怎么就那么强硬呢?然而当时我并没有意识到自己的问题,还认为这是在扳橙子的坏毛病。

直到我发现,随着橙子慢慢长大,去个厕所都要向我请示:"妈妈,我要大便!"直到我发现,橙子不知道什么时候变得乖巧,刚刚还坚持自己的意见,我一发火,他就说:"妈妈,你别生气了,我去做。"直到我发现,和小朋友玩耍时,橙子不经意间流露出的拘谨表情,内敛的身体语言。

每一个发现,都让我心里很不是滋味,我不希望橙子变成这样,不希望他这么乖巧,这么拘谨,这么介意别人的态度,我希望他无拘无束,个性舒展,哪怕调皮捣蛋也好。我意识到,我必须要改变了。再这样下去,橙子的性格就受到影响了——事实上,已经受到影响了。

我开始学习,开始改变,努力做好生活给我的功课——界限与尊重。从一点一滴的小事做起,尽量尊重橙子自己的意愿。

他想要买蓝裤子,好的。

他不想睡觉,想要画画,好的。

想锻炼他的交际能力,让他去问路,他不想去——那好吧,不去就不去。

嘴唇裂了,又红又疼,涂药膏涂到第三天,他不想涂了。告诉他再涂一天,巩固一下。他说已经好了,不想涂了——那好吧,那就不涂。

不再喋喋不休地讲道理,不再用发火的方式让他顺从,不再把自己的意志强加给他,只是告诉他每个选择可能会面临的后果,让他自己做决定。然后,心平气和、真心实意地对他的决定说"好"。

蓝裤子穿了两三次,就不再穿了,说不好搭配衣服。

画画画到深夜,早上一叫也起来了,还算精神。

没涂药膏,第二天嘴唇又开始疼,他知道了需要巩固。……

我心平气和地接受这些结果,不论好与坏。有必要的话,和橙子一起总结一下经验,或者根本不再多说什么。管好自己的嘴巴,坚决不说"你看,我说什么来着""我早就说了,你不听"这类的话。

不知不觉,橙子有了变化,哈哈大笑的时候多了,调皮捣蛋的时候多了,说话的语气多了几分自信和沉着,开始坚持自己的意见了,以及,越来越多地说"不"了。这些变化,我看在眼里,喜在心上,也很欣慰自己做出的改变。然而,我要做的功课很快又升级了。这次的主题是"臣服"。

生活中的小事,我可以尊重橙子的意愿。但,再大一点的事呢?

前不久,老师选中橙子打篮球,他却不想去,说打篮球没意思,又没有认识的同学,不好玩。橙子爸爸现身说法,给他描述会打篮球是多么有

我比孩子看得远,但生活比我看得更远,对每一个人,生活自有它的安排。沧海桑田,白云苍狗,十年之前,我们想象不到自己今天的样子,十年之后,谁会知道自己又是怎样一番模样?我们能把握的,就是此时此刻,做好当下的事。

意思又有魅力的一件事，然而橙子不为所动，就是不去。

橙子心心念念了两年的一个表演社团，终于向他招手了。这个社团有很多登台演出的机会，是个非常好的机会。没想到，橙子的兴趣却转移了，不想去了。我心下很是遗憾，循循善诱了半天，橙子还是说"不"。

你看，说好了尊重他的选择，但仅仅在兴趣班的问题上，我就有些不淡定了。你明明看到这件事会对孩子今后产生的影响，看到孩子的决定太局限于眼前，不能像你那样看得长远，如果按他的意思来，大好的机会就这样错过了，你还会尊重孩子的选择吗？我很犹豫，这样一味地由着他，是不是对他的不负责任？

关于这件事，我想了很多，逐渐捋清了自己的思路。

橙子是个有些敏感的孩子，之前我对他的管制已经是一种压抑，如今，我想尽可能地呵护他的自由意志。毕竟，在漫长的一生中，有个开朗阳光的性格，比多学一样技能重要得多。**在希望孩子幸福和成功之间，如果只能选一样，我会毫不犹豫地选择前者。**

更重要的是，人到中年，经历了一些世事，也见识了很多千回百转、跌宕起伏，我对生活多了几分敬畏和臣服。在生活和命运面前，我逐渐意识到个人的局限和渺小，也更加理解了什么是真正的顺其自然——用心当下，尽人事，听天命。

然而，我却在无意中把自己当作了孩子的"神"，好像可以高瞻远瞩，未雨绸缪，安排他的命运。

我比孩子看得远，但生活比我看得更远，对每一个人，生活自有它的安排。沧海桑田，白云苍狗，十年之前，我们想象不到自己今天的样子，十年之后，谁会知道自己又是怎样一番模样？我们能把握的，就是此时此刻，做好当下的事。

我当下能做的，是学会信任孩子，尽量尊重他的选择，给他自由生长的空间，培养他依照自己的内心做出选择的能力，让他生长成最像他自己

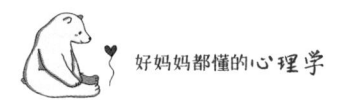

的样子。我相信，每个人的内心都是向上向善的，学会倾听内心的声音，尊重这个声音，他的选择不会差到哪里去。

有个女孩，家人强烈反对她交的男朋友。可是越反对，她越坚定，这样僵持了好几年，家人只好随她了，说不再管她的事。当阻力消失，女孩反倒犹豫起来，觉得父母的意见确实有道理，几经犹豫，最后还是分手了。

还有一个女孩，从小父母管教得过多过严，她的自我被压抑到失去了感受，很多年来，不知道什么是开心，什么是悲伤。心理医生给她开出的"药方"是，每天按自己的意愿做三件事，哪怕是吃饭这样的小事都行，但最好是违背父母的意愿的。也就是说，通过一次又一次向父母说"不"，让她的自我慢慢长大。

人生总是要走些弯路的，小时候不走小弯路，长大了就要走大弯路。当孩子还小，试错成本低，可以错得起。等他长大了，面临选择的课题不断加大，选专业、选工作、选伴侣，在每一个人生节点上做选择，试错成本也会越来越高，有的甚至要付出几年、几十年的代价。

从小让孩子做选择，允许他不断试错，慢慢地他就知道自己是谁，喜欢什么，知道了事物的边界在哪里，利弊有哪些，学会了自己做取舍。

如果打着"我是为你好"的旗号，一味让孩子按照自己的意愿来，不给他试错的机会，他就不知道自己到底想要什么，失去了与这个世界相处的分寸感。当他长大了，要独立做选择了，他的取舍可能不是出于自己内心的意愿，而是为了叛逆而叛逆。或者，他的自我太弱小，面对成人的世界，根本没有力量做出选择，只能被动地接受选择。

说回到我自己。坦白说，尊重孩子自己的选择，我自问现在还不能完全做到。小事上还可以，大一些的事，我也会担心，也会纠结，也会着急。不过，想明白了努力的方向，我会尽量去这么做——控制住自己的控制欲，尽量给他自由舒展的成长空间，接纳他的选择，这对我来说，也是人生的功课和修炼。

你会"背地里"夸孩子吗?

有一次,我听了一个催眠讲座,老师讲到一个让孩子变得更优秀的小方法,我觉得很有意思。只需要简单的几句话,可以让孩子变得更有自信,更自觉主动地去做事。说来很简单,就是一句话:背地里夸孩子。

比如,妈妈们经常会遇到这样的场景:几个孩子在一起玩,几个妈妈在旁边闲聊天。一般聊的内容多是你家孩子怎样,我家孩子如何。这个时候,就是最好的"催眠"时机。你可以有意识地夸夸孩子,你希望他在哪方面做得更好,就多在这方面夸他——

"我家娃这几天写作业有进步,写得又快又认真,半个小时就写完了,一点没让我操心。"

"昨天我不舒服,孩子主动给我倒了杯水,帮我按摩,我心里可感动了。"

……

你以为孩子只顾在旁边玩?这些小鬼精灵,大人说的话都会有一句没一句地听到他们的耳朵里,尤其是听到和自己有关的事情,更是会竖起耳朵听。听完了还不动声色,该怎么玩还怎么玩。大人以为小孩子玩得很专注,其实有些话他们已经听到心里去了。这就是催眠。

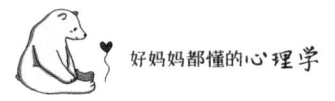

说到这里,一个妈妈恍然大悟,她想起类似的一件事。一天晚上,孩子在自己的房间写作业,妈妈在客厅和家人聊天,说起最近孩子学习有进步,回家也知道抓紧时间写作业了。这时,妈妈进到房间去拿东西,发现孩子摇头晃脑,有一点小得意的样子。她还纳闷呢:孩子藏着啥开心事呢?现在想来,应该是孩子听到了他们在客厅的谈话,听到了妈妈的夸奖,正偷偷地开心呢。这位妈妈在无意中应用了这个催眠小方法。

催眠真的这么神奇吗?了解一下它的原理,你就明白了。

简单来说,人的意识分为意识和潜意识。意识是看守内心的一道大门,时时刻刻对外界的信息做出分析判断,或排斥,或接受,或怀疑。我们头脑里的所思所想,基本上都是意识的声音。

你以为意识很强大,但潜意识更强大。你知道你为什么这样做,这是意识。你都不知道你为什么会这样做,但就是这样做了,这是潜意识。真正决定一个人的行为的,是更深层的潜意识。

催眠,就是弱化意识的警惕性,绕开它的防守,抵达人的潜意识,植入信息,从根本上改变人的行为。电影《盗梦空间》讲的就是这事。莱昂纳多扮演的柯布层层深入费舍的潜意识深处,植入一个认知,让费舍做出了拆分父亲留下来的商业帝国的决定,完成了一个看似根本不可能完成的任务。

我们"背地里"夸孩子,就是应用了这个催眠原理。"无意中"让孩子听到父母对他的褒奖,他会想:哦,原来在妈妈心里,我这么棒啊。要知道,每个孩子都非常在意自己在妈妈心里的形象,他对自己认知的高低,他认为自己好还是不好,很大一部分来自父母对他的评价。

父母怎么看待孩子,影响着孩子怎么看自己。当他知道,自己在父母心里是有价值的,他对自我的认知就提高了,也就会更自觉主动地做得更好。所以,"背地里"夸孩子的一个关键之处就是:要貌似无意地让孩子听到。

有的妈妈问：为什么要背地里夸，我直接夸不行吗？

老师说：直接夸的话，会"撞上"孩子的意识，意识就会开始分析判断——妈妈这么夸我是什么意思？是不是想激励我做得更好？这是不是一个套路？我真的这么好吗？这样，夸奖的效果就会大大打折。而孩子在无意中听到妈妈的聊天，并不是专门说给他听的，他会认为这些话更接近妈妈内心的真实想法。

有的妈妈会说："有意识"背地里夸孩子，这不也是一个套路吗？

我觉得，是不是套路，就要看妈妈的"发心"了。如果妈妈真是这么想的，她认为孩子确实做得很好，是发自内心的夸孩子，那应该不算套路。

当然，也许很多妈妈不习惯这么夸孩子，一开始确实是"有意识"地去夸，习惯成自然，慢慢就成了很自然的表达。因为在你的心目中，孩子就是这么好啊。如果妈妈本来不是这么想，只是为了让孩子做得更好，生硬地去夸，故意让孩子听到，这种刻意孩子是会感觉到的，没准还会激起孩子的反感，还不如不夸。

那么，怎样才能发自内心地去夸呢？这就需要我们转变心态，多留意孩子做得好的地方，而不是总盯着孩子的"问题"和错误。训练自己的眼光，去发现孩子的闪光点、发现他的点滴进步。

我们有句古训：当面教子，背后教妻。意思是说，在众人面前批评教育孩子，才能让孩子有羞耻心，以后不会犯同样的错误。也有句名言：谦虚使人进步，骄傲使人落后。我们生怕一夸奖孩子，他的尾巴就翘到天上去了。所以，即使我们觉得孩子做得不错，当着众人面，也总是会保持谦虚谨慎的态度：哪里哪里，这孩子天资一般，就是死用功，有点小运气。比不上你们家孩子，又聪明又懂事。——你觉得这是客套话，可让孩子听了去，他就真的会认为：自己是不好的，无论再怎么努力，都达不到父母

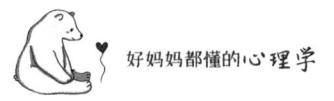

的期望。在父母心里，自己永远不够好。

这也是一种催眠。只不过这是负向的催眠，会导致他的自我价值感低，不够自信，遇到困难就容易放弃，充满挫败感。

这个小方法还可以举一反三，应用到生活中很多地方，是很好的人际关系润滑剂。我们在和朋友、亲人、同事的关系中，也可以试着"背地里"夸夸对方。也许这些话会传到对方的耳朵里，你也可以把你的夸奖转述给对方听。比如，你可以和妈妈说：我和我们同学说，我妈做饭的手艺特别棒，我回家三天吃胖了两斤。保证妈妈听了笑得合不拢嘴。

当然，这些小技巧之所以有用，最重要的是使用它的那颗心：你的真诚，欣赏的眼光，和正能量的心态。

为什么给孩子讲道理没有用?

橙子上一年级时,有一段时间不想去上学,从早上一起床,就开始哼唧:我不想去上学。为此我给他做了不少思想工作,俗称"讲道理"。

我告诉他:生活就是这样,有些事你不喜欢做可以不做,而有些事,不管你喜不喜欢,都是必须要做的。你能不去上学吗?不能。所以这是你必须要做的事。以后你还会遇到类似的事,你首先要分清哪些是必须要做的事,既然不得不做,就要想办法从中找到乐趣……

我还记得那时的情景。不止一次,送橙子上学的路上,我拉着他的手,走一路讲一路——各种角度、掰开揉碎、推陈出新地讲啊讲。我说,橙子就默默地听。我说完了,过了一会儿,橙子又开始哼唧:我不想去上学……

当时的我几度崩溃:说了这么多,全都白说了!这么浅显的道理,他为什么就听不进去呢?!后来,带着很多困惑,我开始学习儿童心理,看了很多书,上过一些课,我才明白,方法用错了,崩溃是必然的。回想当时,那时的我就像《大话西游》里喋喋不休的唐僧,小孩没捂着耳朵赶紧跑掉就不错了。

通过学习,我知道了,给小孩子讲大道理,有很多隐性或显性的不良后果,比如:会让孩子没有主见,失去自己的判断标准,会破坏孩子独立思考的能力,会造成知行分裂……给小孩子讲大道理,尤其是12岁以前的

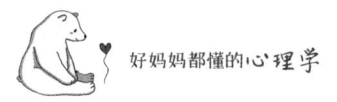

孩子，只能事倍功半，适得其反。

我被这些坏处吓住了，开始有意识地控制自己的喋喋不休。然而让我意识到不讲道理的真正原因，是在育儿专家张文老师的课上，他从儿童心理发展每个阶段的特点出发，把这件事讲清楚了。

为什么不要给孩子讲道理？在我们看来，所谓小孩，就是没长大的成人。成人和小孩相比，无非是生活经验增加了、思考方式更加成熟了，只是量上的一些积累、程度上的一些提升，本质上都是一样的。但其实，小孩与其说是缩水版的成人，倒不如说更像远古时期的原始人。

小孩刚出生时，就像一个小兽，吃喝拉撒睡，动物性、生理性占到了绝大部分，随着孩子慢慢长大，作为人的社会性才一点点增加。从刚出生到长大成人，就像人类进化史的一个微缩版本。儿童阶段，从身心发展的程度来说，就相当于原始人的状态，那时还没出现语言，原始人之间的沟通，基本上是靠肢体动作、表情和声调变化，还有行为的相互模仿。

那时，原始人妈妈是不会给原始人宝宝讲大道理的，就像小狮子在玩耍中学会捕猎，小猫在模仿中学会爬树一样，原始人宝宝就在对大人的模仿中掌握了生存技能，靠感受大人的反应明白哪件事该做，哪件事不该做。这个阶段，主要是情绪和感受在起主导作用。直到12岁以后，一个人的抽象思维能力才真正发展起来，慢慢"进化"成现在的人。而所有的道理都是抽象的，都是对具体事情的一个概括、升华和总结。所以，当你给一个不太具有抽象思维能力的小孩讲这些抽象的大道理时，无异于对牛弹琴。这样的比喻让我有一种"原来如此"的感觉——原来，你把小孩当成原始人宝宝来对待就对了！模仿和感知，是原始人宝宝成长的两大途径，而不是听道理！

话说回来，我们这些大人为什么爱给孩子讲大道理？

原因很多，最主要的，因为我们懒。

一个大道理可以用在很多事情上。孩子做错了一件事，我们给他讲道理，内心里其实是希望，通过这件事他明白了这个道理，由此触类旁通，以后再遇到类似的事，就知道该怎么办，永远不犯同样的错误了。我们想一劳永逸，一次成功，一句顶一万句。

可是，生命不是这个样子的。成长也不是这样发生的。想想我们自己，谁是这么成长起来的？闻过即改，永不再犯，那简直是圣人。我们这些大人，天天喊减肥，年年说戒烟，却总是安慰自己吃完这顿再减肥，一年戒上几十次烟——自己都做不好，为什么高标准地要求小孩子？

再一个原因，还是因为我们懒。

讲道理多简单啊。活到为人父母的岁数，大道理谁不知道，随便给个题目，谁都能滔滔不绝、花样翻新地说上一通。

可为什么很多人还是"明白了很多道理，却仍然过不好这一生"？就是因为明白道理容易，更重要的是行动。知易行难。行动考验的是一个人方方面面的能力，耐心、意志力、抗挫折力……一样都不能少。

教育孩子也是一样。真正能让孩子明白一件事应该怎么做，需要家长身体力行，用行动去引导；换位思考，去感受孩子的内心；因材施教，耐心等待变化发生……与这些相比，讲道理多简单啊。

谆谆教导孩子要好好学习写作业，自己却整晚刷手机打麻将，教导孩子要讲规则，自己却插队逃票闯红灯。你觉得孩子是听你说的，还是看你做的？说一套做一套，每个人都烦透了这一套，为什么当我们有了孩子，自己也要这么做呢？

不给孩子讲道理，那该怎么做？

首先，是用行动引导行动。

设想一下这样的场景：你的孩子有时会表现得对父母不太尊重，比如

　　道理，永远抵达不了一个人的内心深处。

　　好的教育，是要尊重孩子的发展规律，尊重人性。只有用生命去关照生命，用情感去体会情感，用行动去引导行动，才能让一颗心抵达另一颗心，无论这颗心是大人的还是小孩的。

总是颐指气使：妈，把我的鞋给我找出来，快点！

遇到这种情况，你会怎么办？

——孩子还小，不当作一回事？

——语重心长地展开批评教育？

——用同样的态度反击回去：怎么和大人说话呢？

有一个育儿专家是这样回答的：孩子对父母态度不好，这事不能放过，但是也不能跟他对着来，可以用行动表达你的态度。

当孩子喊你做事时，你要表现得不积极，语气平和地告诉他：再好好说一遍。当孩子态度好时，就要即时地积极回应他。态度好——积极回应；态度不好——消极回应。这样几次下来，孩子就知道该用什么态度对待你了。没有讲"尊重长辈、孝顺父母"这些大道理，也没有情绪化地批评指责，而是用行动回应行动，在这样的引导、互动中，孩子自然就学会了恰当的相处方式。

其次，是模仿。

我记得橙子上幼儿园大班时，有次和几个小朋友玩，对玩什么各执己见，谁都想让别人听自己的。橙子说：这样吧，咱们开个会，举手表决，少数服从多数。这个提议成功地化解了分歧。我在一旁不禁莞尔：在家里我们就是这样解决分歧的，没想到橙子活学活用了。

这就是言传身教、潜移默化的结果。如果没有在家里的示范，我只是一遍又一遍地告诉橙子：有不同意见可以通过举手表决，少数要服从多数。他肯定会听得一头雾水，不知所措。

在很多家庭中，遇到问题，先是循循善诱讲道理——不听，开始批评指责——再不听，就会动用武力解决……所谓家庭教育三部曲。我们自己是这么长大的，不知道除此以外更好的办法。所以当孩子出现问题时，我们首先想到的就是讲道理。

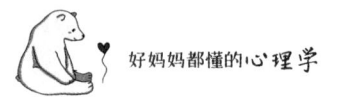

道理，永远抵达不了一个人的内心深处。

好的教育，是要尊重孩子的发展规律，尊重人性。只有用生命去关照生命，用情感去体会情感，用行动去引导行动，才能让一颗心抵达另一颗心，无论这颗心是大人的还是小孩的。

需要强调的是，不要给孩子讲那些大道理，不是说不能给孩子讲道理。遇到具体的事，可以讲具体的小道理，比如，孩子拿了别人的东西，你就可以问问孩子：如果别人随便拿了你的东西，你会是什么感觉呢？引导他设身处地换位思考一下。这样的小道理还是很有必要的。

这句神奇的问话，帮你开启孩子的内心世界

对话一：

妈：今天在学校开心吗？

娃：开心。

妈：……

对话二：

娃：妈妈，今天体育课我们跑了1000米，好累啊！

妈：是吗，跑了这么多，确实挺累的，晚上早点睡觉吧。

娃：……

这样的对话是不是很常见？

你想了解孩子这一天的情况，可是孩子回答完"开心"后，你不知道该说什么了。孩子和你念叨他的感受，你也试着和他共情，提出建议，可是效果似乎并不太好。总之，你想和孩子多交流，却不知道该说什么，怎么说。这样的情况我也遇到过。后来，在一次工作坊中，我学到了一招非常有用的谈话技巧。

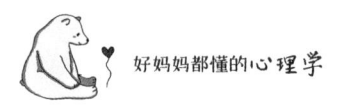

那次工作坊中,一位妈妈说女儿最近很叛逆,历数孩子种种不良表现:"我知道我平时对她的管教有点严格,但她现在的行为真的很让我担心……"听起来,这是一位忧虑、慈爱又无奈的母亲。

老师没有接她的话,而是问:"如果10分是满分的话,您对自己的管教严格打几分呢?"

这位妈妈想了想,说:"8分吧。"

场内一片轻声的哗然——8分!

这么高的分,却被这位妈妈轻描淡写地表达为"有点严格",这个反差也太大了。这么严格的管教,孩子有这样的叛逆行为就不奇怪了。

这种评分方法,其实是焦点技术中的一个方法,它可以把对话者的状态更直观、量化地表现出来,更客观地呈现问题。我活学活用,用到了和自己孩子的对话中,发现也很管用。它可以瞬间打开孩子的话匣子,让对话多出了很多可能性。我们的交流变得更有趣,也更有内容了。

这个技术,我自己称之为评分问话。用起来也很简单,就是让孩子评估自己的状况:最低分是1分,满分是10分,自己来打分。

举个例子。

一天,我问放学回来的橙子:"今天在学校开心吗?"

橙子活蹦乱跳的,看起来心情不错:"开心!"

以往,这个对话到此就结束了。我接着问:"如果非常不开心是1分,非常非常开心、开心得不得了是10分,你今天的开心指数是几分呢?"

橙子想了想:"6分。"

我有点出乎意料:橙子看起来像往常一样,情绪不错,怎么才打了6分?我问:"为什么是6分呢?"

橙子又想了想:"嗯……放学后去同学家玩,很开心,加1分。但是晚上又上了辅导班,减3分。"

原来是这样。

你看,"开心"本来是一个泛泛的感受,通过评分问话,这个"开心"就被直观地量化了。你就知道了,孩子到底是"有点开心",还是"非常开心",还是一种混合的开心——"既有开心的事,又有不开心的事"。

接下来,话题就可以展开了。可以和他聊聊为什么上辅导班不开心,怎样才可以开心一些,也可以知道孩子对哪些事感兴趣,对哪些事有抵触。你会很自然地了解到孩子的更多信息、更多内心状态。

对孩子来说,评分问话更像是个游戏。小孩子们天性喜欢玩游戏,本来倍感无聊的常规对话,突然要求给自己打个分,看起来很好玩。他会更愿意参与到对话中。

这个评分问话看起来很简单,如果用好了,会对孩子益处多多。

首先,评分问话有助于孩子培养自我觉察的能力。

当你问孩子开心吗?他会脱口而出:开心!当你接着问,给开心打几分的时候,他们往往会有一两秒钟的沉默。这个沉默就是思考时间,他会对自己的情绪和感受有一个察觉,加以评估,给出一个分数。

打分的过程,可以帮助孩子更清晰地了解自己的状态,为什么开心,为什么愤怒,为什么觉得无聊。很多时候,我们不是一味沉浸在情绪中,就是忽略自己的感受。而评分问话,可以让我们有意识地去感受情绪、觉察情绪、梳理情绪——这是非常宝贵的能力,也是人生混沌和自省的分界线。

有一次,橙子放学回来直喊累,说今天的体育课运动量太大,肚子、腿哪儿哪儿都疼。我问他:"如果一点不疼是 1 分,疼得不得了是 10 分,你现在是几分疼呢?"橙子想了想:"5 分吧。"打出这个分,橙子居然吐了吐舌头,可能他自己也发现:原来并没有疼得那么夸张嘛。

其次,打分问话还可以升级为 2.0 版,可以进一步提问:你觉得怎样做,可以让分数提高 1 分(或者减少 1 分)呢?

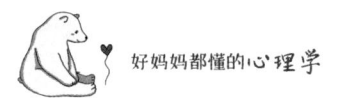

这个问题可以进一步拓展思考，提升孩子解决问题的能力。比如橙子喊累这件事。橙子给自己的又疼又累打了 5 分。我引进了 2.0 版，提出了新问题："你觉得怎样做，可以让疼累指数变成 4 分呢？"

橙子想了想："不知道。"

这个回答在我意料之中。很多孩子最初遇到这个问题，都会这么回答。他们习惯了大人为他们负责——我只管提出问题，至于怎么解决，那就是爸妈的事了。他们很少主动思考："我该怎么应对这种状况？"

这时，可以和孩子一起想些办法：洗个热水澡会不会好一些？给你按摩按摩会不会好一些？思路打开了，孩子的想法往往会天马行空，花样百出。那就和孩子一起脑洞大开吧，把它当成一个游戏，一段温馨有趣的亲子时光。再和孩子一起挑出一个切实可行的办法试试看。

在这样的对话中，孩子自然而然学会了多角度地思考问题、积极主动地解决问题。也让他意识到，自己是可以为自己负责的——让自己的行为发生一点点改变，就可以让自己的状态变得更好。这可是很多大人都没有意识到的。

最后，还有一点让我意外的收获——橙子很快学会了这个问话技巧，开始向我提问了。比如，有几天我的腰很疼，一直卧床休息。我能感觉出来橙子隐隐的担心，因为他每天早晨都会问："妈妈，如果非常非常疼是 1 分，一点都不疼是 10 分，你今天是几分？"每天，我的答案都不一样：5 分、6 分、7 分、7.5 分……橙子就知道了，妈妈的腰每天都在好转，很快就会一点不疼了。

我很开心橙子学会了这个评分问话。在我看来，这不仅是一种有效的交流技巧，也隐含着一种思维方式、一种积极的心态：客观地觉察，为自己的问题负责，通过行动改变现状。

那么，最后，问题来了：你对你的亲子关系打几分呢？你可以做些什么，能让分数提高 1 分呢？

留心，孩子听的是你的潜台词

前几天出去吃饭，我们旁边坐着一对母子，孩子三四岁的样子，正在把水壶里的水倒进杯子里喝。就在这不到两分钟的时间里，妈妈的嘴几乎没停过：

慢点倒，别烫着手。

可以了可以了，别再倒了。

拿稳，别洒了。

小口喝啊，小心烫。

……

孩子的每一个动作，妈妈都要跟着叮嘱一句。看起来，这位妈妈真是无微不至，对孩子很关心，我却在想，这位妈妈是有多焦虑、多不相信自己的孩子啊！

有没有发现，我们的对话，经常会有两层意思：一层是字面意思，即头脑中的想法，一层是言外之意，也叫潜台词，是我们潜意识的表达。这个潜台词，有时和字面意思基本重合，有时会大相径庭，甚至截然相反。

你以为你知道自己在说什么，其实，很多时候，我们都没有察觉到自己的潜台词。我们以为自己说的是 A，实际上潜台词却是 -A。就像一句"名言"所说：所有的玩笑里都含有认真的成分。

在日常交往中，每个人不仅在用两只耳朵听话，我们还在头顶竖着一根无形的天线，用来捕捉、接收对方的言外之意——所谓听话听音。心理学家发现，言外之意在交流中的重要性要远远大于字面意思。不信你就试试，如果只按对方的字面意思行事，你很可能会被认为是一个情商低的人，在生活中莫名其妙地处处碰壁。

听话听音，已经成为成人世界默认的交往规则，但当我们面对孩子时，却忽略了这一点。也许觉得孩子还小，理解力不够，能把字面意思理解了就不错了，所以我们和孩子说话很少字斟句酌，多是直来直去，有啥说啥。这会流露出更多潜意识里的东西。

其实，小孩子的感受更敏锐，他们更善于绕过语言，捕捉到大人言语背后的潜台词。潜台词是一种暗示，它会不断塑造着你们的亲子关系，塑造着孩子的性格，最终，把孩子变成你潜意识里他的样子。

就像那个叮嘱孩子喝水要小心的妈妈。表面上，她是关心孩子，但潜意识里，她对孩子的担心、对孩子能力的不信任全都被孩子接收到了。孩子要么会很烦躁，因为被妈妈的关心和控制包围得密不透风，要么会觉得，这个世界充满了危险，自己的能力又是多么不值得信任，慢慢地，就变得过于谨慎，小心翼翼，缩手缩脚。又或者，她认同了妈妈的想法，变得有点强迫倾向，比如，水杯一定要放到指定地点，鞋子一定要摆正。

有没有发现，有强迫倾向的孩子，往往会有一个过于追求完美、要求比较多的妈妈。

一个朋友说，回老家时，父亲总会在聊天时说起谁家的孩子在哪里工作，特别能干，几年就升到了高层，谁家的孩子在公司独当一面，每年能挣不少。朋友听着，总感觉心里怪怪的。她自己混得也不错，比爸爸说的那几个人只好不差，按说爸爸没必要拿来和她比，可她还是听出了一丝比较、评判的味道。

她说，我有种感觉，如果我混得不好，是不是在我爸心里就会觉得我不如他朋友的孩子？她知道，爸爸肯定不会承认是在拿她和别人比较，肯定会说：这不就是聊天吗，聊聊亲戚朋友的情况，是你想多了。

但很多时候，确实不是我们想多了。

这位朋友说，不知道为什么，她总是特别在意别人的眼光，性格中总是有些不自信，特别在乎别人的评价。她觉得很奇怪，从小父母对她也不是很严厉，有个比较宽松的成长环境，怎么会不自信呢？

后来，她才发现，爸爸平时总会有意无意地提起谁谁怎样怎样。按说，这也是正常的，但她就是从爸爸的语气里感受到一种比较，还有对她的一种隐隐的期待，期待她比别人学习更好、工作更好。所以，表面上看起来，父母对她并没有过多的要求，但隐含的期待她完完全全地接收到了。她把爸爸的期待内化成对自己的期待，所以一路自强奋进，让自己变得优秀。但同时，她也把爸爸的比较评判内化为内心的声音，时时都在拿自己和别人比较，而比较的结果，往往是看到别人好的一面，忽视了自己好的一面，自卑也随之而生。

她就这样成长为一个优秀而自卑的人。即使在别人眼里已经很好了，却总是觉得自己不够好，对自己怎么也不满意。

潜台词的力量远远大于字面意思。你说了千遍万遍，学了多少种沟通技巧，极力压住内心的情绪，都逃不过孩子头顶灵敏的天线——他知道你真正的想法是什么。甚至你自己都不曾察觉的，他都感受到了。

因为，潜意识会通过各种渠道表达出来——语气、微表情、微动作、神情，都会泄露你内心的秘密，让你藏无可藏，防不胜防。

有的妈妈觉得很委屈："我就问问他考多少分，我又没说什么，他干吗那么大反应、那么不耐烦？"但你以为装出随意的样子，轻描淡写地问他考得怎么样，孩子就感受不到你的期待？你的期待已经喷薄欲出了，孩子被压迫得喘不过气来,所以才会用不耐烦表达强烈的挣脱和反抗。

那该怎么办?

闭上嘴不说话?肯定不行。

既然潜台词是潜意识的流露,那么,我们要做的,是修正自己的心态,端正自己的初心。心摆正了,初心对了,你的潜台词自然就变了。

很多开始学习、有所反省的妈妈都会有这样的担心:这么说对不对,那么做行不行?生怕说错一句话、做错一件事就会影响孩子的一生。其实,这都是表面文章。真正重要的,是你的内心是怎样的,你的潜台词对不对。

怎样修心?简单说来,我觉得就是四个字:活在当下。

说个我自己的例子吧。周末,我带橙子出去玩,一路上就听他不停地清嗓子、干咳,显然嗓子不太舒服。我忍不住说:"我不说,就不知道自己喝点水吗?"

话一出口,我明显感觉到这句话背后还涌动着更多的话:这么大孩子了,还是照顾不好自己……因为不喝水咳嗽加重,这事不是一次两次了,每次都得提醒,提醒一次还不行……我还要提醒到什么时候……

短短一瞬间,我不仅想起他之前的不爱喝水,说了多少次都不听,又想到咳嗽加重怎么办,将来怎么办?难道以后都要我不停地提醒吗?一想到过去,想到将来,我的情绪就出来了——责备、烦躁、心疼、担忧……这些情绪在心里涌动着,脱口而出的这句话语气自然不好,横着就出来了。

我在想,如果我没有对他以前行为的指责,也没有为他的嗓子将来的担忧,单纯地只是让他喝点水,我的语调会变得温柔、平顺很多。

所以,修正自己的心,就是活在当下,没有那么多对过去的指责,也没有那么多对将来的担忧,只是出于爱,出于关心孩子,做此时此刻该做的事。

内心稳了,忧虑少了,恐惧少了,说出来的话自然就稳了。孩子接收到的就是你的平静、稳定。日积月累，潜移默化，孩子也会习得这样的平静和稳定。

一颗从容笃定的心，是父母给孩子的最珍贵的礼物。

我总是提到"觉察"二字，面对孩子的种种问题，我经常给出的对策也是——父母要对自己说的话、做的事多多觉察。

什么是觉察？觉察什么？

简单来说，就是觉察自己的潜台词，觉察自己说话做事的发心。发心对了，潜台词也就对了，潜移默化中，孩子自然会变得更接近你潜意识里的样子。正如心理学家科胡特的一句名言：父母是什么样的人，比他们做了什么样的事，更重要。

说什么，怎么说，不重要。重要的是，你的内心是什么样的。

想修护亲子关系，首先修好自己的这颗心。

说实话，能做到这些很难很难，我们都是有七情六欲的普通人，很难做到没有忧虑和恐惧。但这不妨碍我们把这个作为目标，为之努力，不断趋近。

毕竟，这个不断趋近、不断成长、螺旋式上升的过程，才是生活的意义所在。

孩子的满不在乎，
其实是一种防御心理

几天前，和一个朋友聊天，她的小孩8岁，近来感觉随着孩子长大，越来越不好管了。好好说他不听，批评他也不在乎，还开始跟大人顶嘴了，有点像俗话说的"滚刀肉"。

就拿写作业来说，小孩儿做作业总磨蹭，玩会儿写会儿，尤其是周末，作业能拖拖拉拉写一天。朋友压着火，试图循循善诱："你看，本来妈妈想带你周末去爬山的，可是你光写作业就写了一天多，这样的话周末咱们哪儿也去不了了。"小孩儿却满不在乎地说："不去就不去呗，反正我也不想去爬山。"

朋友说："他怎么不喜欢爬山，他就是嘴硬！好说歹说就一副吊儿郎当的样儿，你说这孩子该怎么管？"

听朋友这么说，我想起了不久前的一件事，两者颇有异曲同工之处。

周末，我在网上买的东西送到了。橙子看着包得严严实实的包裹，男孩子的破坏欲就起来了，说："妈妈，我帮你打开吧。"我说好，你想办法打开吧。橙子转身到厨房拿了一把水果刀，照着包裹中央就戳进去半截刀身，就听"扑"的一声。我赶紧喊停，打开包裹一看，里面的东西已经被扎坏了。

刚买的东西就被扎坏，虽然知道橙子不是有意的，但我心里也有几分恼怒。再看橙子，小孩儿就坐在旁边晃着脚，看着我嘻嘻笑，好像这是件很有趣的事。

闯了祸还嘻嘻笑。我深吸一口气，起身到别的房间转了一圈。稍稍冷静下来后，我回来继续收拾残局。橙子爸爸还想虎着脸说几句，我阻止他："别说了。"又对橙子说："没关系，妈妈知道你不是故意的。下回拆包裹时就知道了，要从边缝那里划开。"

这事就算过去了，一切照常。

过了一会儿，橙子跑到我身边，说："妈妈，对不起。"

发现了吗？两个小孩，在面对可能来临的指责时，有着类似的表现：满不在乎。而这种满不在乎的态度，往往让大人的恼怒火上浇油，给孩子再添一项罪状：这孩子怎么没脸没皮，犯了错还不承认！长此以往，怎么了得？

事实是，我们只看到了孩子的满不在乎，却没看到他内心的渴求。我们总觉得，孩子做得不对，我们批评他，他就应该表现出应有的态度，乖乖地认错：妈妈，你批评得对，我错了，下回不会这样了。好像只有这样，才达到了教育的效果，孩子才会认识到自己的错误，痛改前非。

我们忽略了，再小的孩子，他也是独立的个体，也是有自尊心的。尤其是孩子上了小学后，自主意识增强，更爱面子。他之所以表现得满不在乎、无所谓，就是担心会受到大人的指责和批评。

再温和的批评和指责，都是一种攻击，都在说：你不好，你做错了。面对攻击，人的心理防御系统会自动做出反应。不同个性的孩子面对批评，防御系统会做出不同的反应。

有的孩子内心比较强大，会用进攻的方式做出防御，也就是大人常说的"顶嘴"：你说的不对，我没有做错！或者，你说我做得不好，你哪里

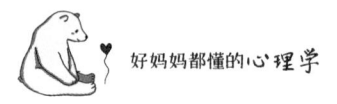

哪里也做得不好!

有的孩子攻击力弱一些,就给内心做一个金钟罩铁布衫,把攻击挡在外面,表现得不在乎、无所谓:妈妈说我写作业磨蹭不能去爬山,那么,当我不在乎爬山这件事时,不能去爬山对我来说就不是一种惩罚了,也就阻止妈妈拿这个说事了。

我戳坏了妈妈刚买的东西,我察觉到妈妈很生气,可能会被训一顿,不管心里怕不怕,我先假装我不怕。我不怕,你能拿我怎样?

当然,孩子可能没有这么清晰地意识到自己的想法,做出满不在乎的样子往往是一种下意识的反应,可能孩子自己都没意识到为什么要这样做,是内心的自动防御系统起了作用。

心理学认为,任何人的行为都有着正面的动机。所谓正面,不涉及道德层面,而是指对自身有利,出于保护自己的目的。这种满不在乎的姿态,就是给柔软的内心加上一层外壳,保护自己不受伤害。

这不仅仅是小孩子的把戏,在成年人中也很常见。

在电视剧中经常可以看到这样的场景,争吵时,女人对男人大喊:你走!我不想再看到你!你别再回来了!当男人真的掉头走远,刚才伪装的决绝一下子支离破碎,独自留在原地的女人痛哭失声。实际上,当女人让男人走的时候,她的内心是在呼喊:别再伤害我,我需要你!我需要你的安抚和体谅!

为了避免受到伤害,我们往往用和内心感受截然相反的姿态来应对。我们把自己伪装得很坚强、很决绝,但内心其实充满了爱的渴求。

那么,当孩子对批评显得满不在乎时,我们该怎么做呢?

首先,在平时就要培养自己的觉察力。透过孩子满不在乎的表象,看到他内心的渴求:妈妈,我知道自己做错,我已经意识到了,请不要再指责我了!

怎样才能觉察到孩子内心的声音？不是用眼睛看，而是用自己的心去感受孩子的心——带着包容和理解去感受。人同此心，心同此理——犯的错、出的问题，是显而易见的，孩子怎么可能没意识到？他怎么可能不难过、不沮丧？

相信孩子，相信孩子有着与生俱来的真、善、美，学会从积极正面的角度去看待他。透过孩子的满不在乎，你可以看到孩子有一颗要强要好的心，去发现它，维护它，强化它。批评和指责只会毁了它。

其次，注意控制自己的情绪，把握好分寸。 当你发现孩子已经意识到自己的问题了，那就控制住自己的情绪，停止喋喋不休的指责，点到为止即可。过犹不及，说多了反而会激起孩子的逆反心理。孩子光忙着应付大人的情绪攻击了，反而忽视了事情本身。

当包裹被扎坏，我看到橙子晃着腿笑嘻嘻的样子，我也"看见"他貌似轻松的背后惴惴不安的小心情。我知道，他已经明白自己闯了祸，预感到会挨一顿说，所以他用满不在乎掩饰他的担心。

既然他已经意识到了，就不用再多说什么了。我停止攻击，橙子也相应地放下了防御，反而主动来道歉。这样的效果要比批评一顿好得多。

还有，停止追究对错，和孩子一起想办法解决问题。 毕竟，我们大动干戈的指责和批评，也是为了解决问题。

感受一下这两种情景：一个人站在你的对面，用手指着你；一个人并肩坐在你旁边，握着你的手。前者是一种攻击姿态，会让你全身紧绷，神经紧张，时刻提防着对方的攻击。指责和批评就会带来这种心理感受。后者是一种理解、包容的姿态，让你感到我们是在一起的，你会放松下来，身心柔软。

当感到孩子的防御时，我们要做的，就是放下指责和攻击，停止追究对错，放下内心那个无形的、指向孩子的手指。试着感受孩子的心情，用"我看到""我感到"这样的描述来代替"你怎样怎样"的指责。表达自己

　　再温和的批评和指责,都是一种攻击,都在说:你不好,你做错了。面对攻击,人的心理防御系统会自动做出反应。不同个性的孩子面对批评,防御系统会做出不同的反应。

对这件事的感受和想法，无形中让孩子做了换位思考，他就不会固守在自己的角度进行防御。

顶嘴和满不在乎就像孩子被迫戴上的一张面具。如果站在孩子的对立面，我们就无法看到面具后面真实的表情，不妨主动走过去，绕到面具后面，告诉他：我理解你的感受。这样，你和孩子是一伙的，问题是跑来捣乱的，你们共同面对问题。而不是像之前那样，把孩子和问题看成是一伙的，而你站在对立面，千方百计对付他们。

比如爬山这件事，可以尝试这样和孩子说：我知道你其实也想去爬山，因为写作业的时间有些长，没有去成，我挺遗憾的，我特别希望能和你一起周末出去玩，好好放松一下。你是不是也有点遗憾？你看这样好不好，下周咱们制订一个周末计划，分配一下写作业和爬山的时间，咱们争取两样都不耽误，好不好？

还记得那则北风和阳光的寓言吗？它们比赛看谁能让路人脱下棉衣。北风使劲地吹，只能让路人更加裹紧了棉衣。而在阳光和煦的照耀下，路人感到热了，自然就脱掉了棉衣。孩子的顶嘴和满不在乎，就像这件棉衣，让他脱掉这件棉衣，只能靠温暖的爱、包容和理解。

每个爱吼孩子的妈妈，
都应该体会一下被吼的感觉

　　那个女人高高地站在椅子上，一只手叉着腰，一只手直戳戳地指着我，一脸恨铁不成钢的表情：

　　"我都说了多少次了？你就是不听！"
　　"这么大了，什么都不会做，你说你还能干点啥？"
　　"今天老师又找我了，考试成绩全班又倒数，你让我的脸往哪儿搁？"
　　"你就不能给我争点气？"
　　"你还要不要脸？"
　　……

　　我蹲在地上，仰着脸看着她，看她的嘴一张一合，看她的手对我指指戳戳。我像被扔进狂风暴雨里，那些话像冰雹一样，噼里啪啦砸在我身上，我没地躲没处藏，只能一动不动地受着。我以为我麻木了，可是那间或而出的带有人格贬损的字眼，那么刺耳，像小鞭子一样抽得我心里一紧一紧的。

　　我很想哭。

我一个劲儿告诉自己，这是在课堂上，这只是一个小练习，这不是真的。我努力保持着表面的平静，甚至还露出了一个微笑，表明我知道这是演戏。但我知道，这个笑容肯定很难看，因为我觉得我快要忍不住哭出来了。

这是前段时间我参加的正面管教课上的一个小活动，两人一组，轮流扮演发火的妈妈和挨骂的孩子。只能说，我的搭档演得太逼真了。活动结束后，我问她："你在家也这么吼孩子吗？"她说，她几乎没吼过孩子，但她是老师，看过太多家长这么吼孩子。

这个小练习深深地触动了我。这几年学习心理学，让我知道了吼孩子是不对的。吼骂会对孩子造成什么样的心理影响，我可以娓娓道来，滔滔不绝。嗯，道理我都明白，我也是努力去这么做的。

但是，当这一次，当我处在孩子的角度，亲身感受"妈妈"的吼骂，我才真真切切体会到了一个孩子彼时彼刻的感受——无助，羞耻，委屈，愤怒，自责……我已经弄不清"妈妈"在说什么，只觉得她的话就像连珠炮，打得我晕头转向，遍体鳞伤。我也不想去弄清她在说什么，下意识地想把她的话屏蔽掉。只有变得麻木，才能少受一些伤害，让我心里少痛一点。

我默默地挨着，觉得自己缩成了一个小团，越缩越小，最好缩到"妈妈"看不见，只希望这场吼骂早点结束。那一刻，我体会到了，原来，当我们吼孩子时，孩子的感受是这样的。

我以为这就很受触动了，没想到，第二天还有一个更震撼的活动环节。

两个人扮演孩子，六个人扮演妈妈。"妈妈"们站在椅子上，面朝外围成一圈。"孩子"依次走到每个"妈妈"面前，对"妈妈"说："我只是个孩子，我只想要价值感和归属感。"而"妈妈"回报的是一通吼。吼什么都可以，由妈妈们根据日常情景自由发挥。吼完了，"孩子"走到下一个"妈

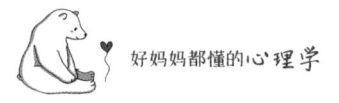

妈"那里继续被吼。

那些妈妈们吼的内容啊，真的是再熟悉不过，都是平时吼孩子的场景再现——神情、语调、用词，每一个妈妈几乎都是"本色出演"。当我们吼孩子时，我们意识不到自己是什么样子的。当作为旁观者，看到不同的妈妈同时用同一种方式在吼，真的让人内心震撼——原来我是那么凶啊！

作为"孩子"，如此密集地被一个又一个"妈妈"吼，内心的震撼估计要比我们这些旁观者大几十倍。一个"孩子"还没走完一圈，就已经受不了，退到一旁哭了。另一个"孩子"，起初会桀骜地仰起头，直视着"妈妈"，眼神里充满了倔强和叛逆，然而走完一圈下来，她再也绷不住了，一下子哭了。

六位"妈妈"也哭了，有的是自责的哭，有的是心疼的哭，还有的，唤起了小时候被父母吼的感受，泪流满面。

老师"趁火打劫"，揽住两个"孩子"："你们那么伤心，我家有很多好喝的酒，我们一起去喝点酒，开心一下，好吗？"

两个"孩子"不假思索地答应了。一时间，场内场外都静默了。

看到这里，你是否也有所触动，陷入沉思，或者自责？如果你愿意，吼骂之后，还可以有另一种结尾。

在第一个活动环节中，"妈妈"吼完后，老师说，请"妈妈"就刚才吼的行为向孩子道歉，告诉孩子自己的内心感受，并和孩子一起商量，再遇到类似的情况该怎么解决。

这一次，"妈妈"和我面对面坐着，她拉着我的手，看着我的眼睛，温和地说："宝贝，妈妈刚才吼你了，妈妈不应该这样做，对不起，你能原谅妈妈吗？……"

我的内心一下子变软了，好像什么地方被触动了，那种感觉软软的，酸酸的。我又有些想哭的感觉，不由自主地点点头："嗯，好的。"这次我用了更多的力才忍住没哭。原来，**温柔比粗暴更有力量，更能直抵一个人的内心。**

第二个活动。老师让两个"孩子"再次走一圈。这一次，每位"妈妈"对"孩子"说的都是鼓励、尊重、温暖的话。这一次，每位"妈妈"说完，都忍不住拥抱了"孩子"。"母子"两人久久地拥抱。

谅解，平静，温馨，柔软，在场的每一个人都感受到了。妈妈和孩子之间的情感纽带又连接上了。这种连接，让孩子心安，有了归宿感，哪里也比不上家的温暖，比不上妈妈的怀抱。

老师再次邀请"孩子们"去喝酒，两个"孩子"摇了摇头："不去了，我想回家。"这不是规定台词，这是她们发自内心的回答。

我们当了太久的大人，早已忘了当孩子是什么感觉。你以为只是措辞严厉了一些、语气重了一些，但在孩子心里，掀起的就是狂风暴雨。作为成人，都受不了这样的言语攻击，何况一个弱小的孩子。每一次的吼骂，都是对孩子意志的摧残。

大人受不了，可以躲得远远的，可是孩子呢，他最依恋的妈妈变成了随时会爆发的火山，无处躲藏，这该是一种多么绝望、无助的境况。他能做的无外乎这几种：

◇ 缴械投降，被妈妈的情绪吞没，自我变得弱小。你会得到一个乖孩子，嗯，只是他会有些胆怯、自卑。

◇ 变得自暴自弃，调皮捣蛋，软硬不吃，俗话说的滚刀肉。你拿他束手无策，只能哀叹：我怎么养了这样一个孩子。

◇ 或者，变得暴戾、叛逆，等他有了足够力量，就会和你对着干。你会得到一个恨你的孩子。

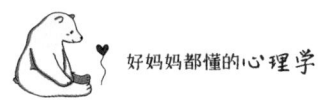

很多妈妈说：道理我都懂，但是情绪上来了就是忍不住。

这确实是个棘手的问题，不过，现在我多了一种解决办法：也许，我们需要花上几分钟，重新做一回孩子。当你亲身体验到被妈妈吼的感受，你可能在下一次忍不住的时候会有所克制了。正所谓：己所不欲，勿施于人。

有人会问：我已经吼了孩子，我该怎么办？不能吼孩子，我该怎么管他呢？

其实，上面的两个练习已经给出了答案。孩子是那么愿意原谅妈妈，是那么渴望和妈妈情感的联结。如果你愿意，你是可以给出一个完全不同的结尾的。

当你不知道该怎么办时，想一想：如果你是一个孩子，你想让妈妈怎么对待你，那么，就请你怎样对待孩子吧！

聪明的父母对事不对人，
智慧的父母对人不对事

在一次亲子沙龙上，老师分享了这样一件事——

一位妈妈找到老师，说孩子学东西总是半途而废，画画学了半年不学了，学芭蕾舞也是。这次给她报游泳课，一开始也说得好好的，肯定会坚持下去。结果学了不到一年，又说不喜欢了，死活不愿意去。

妈妈给她做工作：你要坚持，要有毅力，连这件事都坚持不了，你还能做什么？每当你想放弃的时候，你就要咬牙坚持下去，这样才能磨炼品质……道理讲了千百遍，孩子就是一句话：不喜欢，不想去。妈妈又急又气又无奈，她觉得自己讲的都是对的，都是为孩子好，已经这么掰开了揉碎了给她讲了，她怎么还是油盐不进呢？

这位妈妈找到老师求助。老师问："你知不知道，当孩子说她不想去游泳的时候，发生了什么？"

哦？妈妈一愣。

老师继续问："孩子说她不想游泳，是不喜欢游泳这件事吗？还是在游泳中产生了挫败感？是不喜欢一起游泳的小伙伴？还是不喜欢游泳教练？还是不喜欢现在的游泳时间？你能不能告诉我，你的孩子到底发生了什么？"

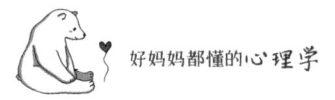

妈妈有些茫然："我不太清楚。"

"所以，对于你来说，游泳比你的女儿更重要。你只想看到女儿坚持游泳的结果，却没有真正看到女儿在这件事里是怎样的——她遇到了什么情况，产生了怎样的感受。你只是活在一个'她应该坚持'的概念里。"

老师告诉这位妈妈，把所有和游泳这件事有关的因素——和人相关的因素，和环境相关的因素，和孩子身体相关的因素，都排查一遍，看看到底发了什么。

妈妈照做了。结果发现，原来是女儿游泳游到了一个平台期，在这个状态上总是提升不上去，她很沮丧，就不想继续游下去了。与其被父母批评自己的能力不行，不如以不喜欢为借口，自己主动放弃——你看，我只是不喜欢，而不是没能力。

妈妈进而意识到，孩子之前练芭蕾、学画画，之所以总是半途而废，都是因为这个原因——一开始进步很快，孩子很有成就感，到了一定阶段，好像怎么练都没有进步，就很挫败、很沮丧。孩子就卡在这里了。

原来如此！这位妈妈恍然大悟。当她看到了孩子内在的感受、想放弃的真正原因，她也就知道了该怎么做，怎样陪伴女儿一起面对当前的困境。

老师的分享我很有同感。我也经常收到这样的留言：老师，我家孩子总是和小朋友打架，该怎么办？孩子胆小内向，该怎么办？孩子总是胡搅蛮缠，不听劝，大哭大闹，我该怎么办？

这些问题大多很简短，一两句话，简单描述了一下孩子的问题，然后就是问"怎么办？"我能感受到问题背后父母的焦灼，但是，这样的问题，我很难回答。

对我来说，这些只是"问题"，而我看不到"孩子"。我需要知道的是：孩子在什么情况下容易出现这些状况？什么时候会缓解？什么情况下会加重？父母对此做出了什么样的应对？孩子又是如何反应的？——如此，我才能在心中大致形成一个关于孩子的印象，推测孩子的问题到底出在哪里。

只看到问题，看不到孩子，是解决不了问题的。而这是很多父母常常陷入的误区。

曾经，当孩子出现问题，父母们都是连人带事一起骂："你这孩子，怎么这么笨，长了个榆木脑袋！""你就是诚心捣蛋！""你怎么这么胆小？你就不能像谁谁谁那样大方点？！"

后来，新的一代父母开始学习，接受新的观念。专家们也反复提醒我们，教育孩子要"对事不对人"，要就事论事——孩子是孩子，问题是问题，孩子只是做错了事，但孩子本身没有问题，不能把问题等同于孩子，更不要上升到对孩子人格、品质的批评，虽然你犯了错误，但我还是爱你的……这当然是一个很大的进步。但是，这只是父母们成长的第一步。

很多父母会有这种感觉：办法想了一大堆，和颜悦色、循循善诱、威逼利诱，还是不管用，只有吼一顿，或者不理他，才有点效果，太累心了！这时，就说明你需要升级了——要透过事，看到人，要对人不对事。是人内在的需求没有得到满足，才会产生"事"。如果只是停留在"事"的层面，你会整天忙着救火，疲于应对，焦头烂额。

那么，什么是对人不对事呢？

一位妈妈讲了这样一个小故事。孩子晚上不想刷牙，道理讲了多少遍，没用。靠命令强迫，这位妈妈又不想这样做。后来，妈妈静下心来仔细观察，她发现了孩子不愿意去刷牙背后的原因：因为在孩子看来，刷了牙就意味着要上床睡觉了，可她还没玩够，还想和妈妈玩，所以总是拖延着不想去刷牙。

原来是这样。看到了孩子抗拒、拖延背后的原因，就可以对症下药了。这位妈妈想了一个办法，每天晚上和孩子玩刷牙大魔王的游戏，两个人轮

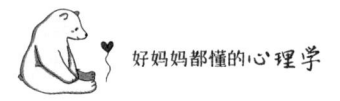

流当大魔王，抓对方去刷牙。

这个游戏设计得很巧妙，无论孩子扮演哪个角色，最后都要去刷牙。母女俩在游戏中追跑打闹，玩得特别开心。孩子想让妈妈陪伴的情感需求得到了满足，也就遵守游戏规则，痛痛快快地去刷牙了。问题迎刃而解。

这位妈妈的做法就是"对人不对事"，透过问题，看到了人，看到了需求，满足需求，问题也就迎刃而解。养育中出现的种种问题，大多数是孩子的内心需求没有得到满足，孩子在无意识中用变形的、曲折的、甚至相反的方式表达出来。所以，解决问题的关键是：你"看到"孩子了吗？

其实，这两种处理问题方式的背后，反映的是养育观念的不同、父母自我定位的不同。

如果我们认为，教育就是我知道，你不知道，我要把我知道的、我认为正确的东西灌输给你，那么，我们就很容易陷在"对事不对人"的模式里。我们就会下意识地判断这件事是对的还是错的，是不是符合我们头脑中"正确的"概念。如果不符合，我们就会给孩子讲道理。所谓讲道理，就是把我们认为正确的概念灌输进孩子的头脑里。以为孩子明白了道理，就会正确地做事。同时，我们还会急着给建议、给方法，甚至亲自上手，帮孩子解决问题。结果就是道理没用，最后还是吼管用。父母又累又气，身心疲惫。

与之相对的，是另一种养育观念——我们不把自己放在全知全能的教育者的位置上，而是成为孩子生命的参与者、陪伴者、引导者。

对于这个幼小的生命，我们尊重他有自己的感受、需求，我们相信他有向善向好的内在动力，我们选择把问题看作他内在需求的一种曲折表达。如此，我们就不会停留在解决具体问题的技术层面，不会热衷于照搬各种各样的方法论。

因为看似相同的问题，每个孩子内在的原因是不一样的。同样是不想去游泳，有可能是到了平台期，有可能是教练太严厉，有可能是被小伙伴孤立了……如果我们没有看到孩子真实的感受、真正的原因，笼统地给她讲"你要坚持，要有毅力"的大道理，就像所有的头疼都开止疼药一样，最多缓解一时，治不了根本。

那么，如何做到"对人不对事"？

首先，提升认知，尽量摆脱情绪的驱使。

当孩子出现各种问题，我们难免会变得心烦意乱，烦躁不已，看不到太深太远，容易在情绪的驱使下简单化地解决问题。这时，就需要我们跳脱出情绪，冷静下来，寻找问题背后真正的原因。

跳出情绪，靠的是改变认知。

——这孩子就是存心和我作对，他就是奸懒馋滑。

——孩子有他的不得已，有他的脆弱和恐惧，但他的本心是好的。

体会一下，这两种认知会导致截然不同的情绪反应。

所以，问问自己，你是相信孩子本性是善的，还是恶的呢？

其次，设身处地去体会孩子的内心，用心觉察。

想一想，如果你是孩子，你这么做，是想表达什么？你希望你的父母给予怎样的回应？我们都做了太久的大人，习惯了用理性思考，忽略了内心的微妙感受。多感受孩子的内心，也会让你的心变得更柔软，更有智慧。

我们在养育孩子中，往往会经过三个阶段：

糟糕的父母对人又对事——把孩子和问题等同起来。

聪明的父母对事不对人——问题是问题，孩子是孩子。

智慧的父母对人不对事——透过问题看到孩子。

这有点像禅宗说的三重境界：

看山是山，看水是水；

看山不是山，看水不是水；

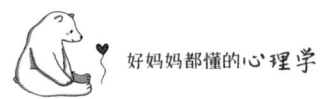

看山又是山,看水又是水。

其中的差别,在于智慧。

所以,在你的眼中,孩子是怎样的呢?你在和孩子的关系中,又把自己放到了什么样的角色中?

聪明的妈妈，
能"动手"就绝不"动口"

养育孩子，最基本的两件事就是吃饱、穿暖。妈妈们对孩子的饮食都非常上心，总担心孩子饿着，营养不均衡。但是，你知道吗？孩子天生有一种隐形饥饿，而90%的妈妈都忽略了——这就是肌肤饥饿。

先讲一个有些神奇的故事。

在20世纪，早产的婴儿会被送进特护病房。医生们把特护病房的物理条件调成非常理想的状态——适宜的温度、湿度、含氧量，还有紫外线光照，以及精确到毫克的饮食和无菌环境。看上去一切都很完美。但是，这些躺在保温箱里的早产儿还是经常不能正常发育。人们很奇怪，不知道哪里出了问题，直到一位值夜班的护士发现了其中的秘密。这位护士在值夜班时，实在受不了这些早产儿孤单的啼哭声，于是用手温柔地抚摸他们的背部，结果，她发现这些小婴儿都平静了下来。更神奇的是，这些被她抚摸过的早产儿都开始发育了。要知道，在此之前，医生们的共识是，不建议护士和父母去触摸这些婴儿。

后来，杜克大学的研究者在小白鼠身上做了一系列实验，发现了这个神奇现象背后的生物学基础。他们发现，在缺少身体接触的情况下，幼鼠的身体细胞几乎不会分裂、生长，细胞中负责制造生长所需的酶的基因组

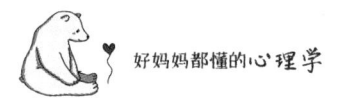

不能发挥作用,所以,整个生命体就会处在一种休眠状态。当研究者用湿毛刷轻抚幼鼠的背部,模仿母鼠舔舐幼鼠,他们发现,这个行为立即触发了酶的制造,在酶的作用下,幼鼠开始生长。

研究者还发现,所有恒温动物一生下来就有被抚摸的需求,如果这种需求得不到满足,就会生长迟缓,智力低下,甚至产生不正常的行为。而温柔、善意的身体接触,不仅能缓解精神上的焦虑,还能激发出细胞惊人的生命力。

如今,对新生儿进行抚触已经成为人们的共识。我还记得,橙子出生的第二天,医生就教给我怎么给他做抚触,叮嘱我们回到家每天也要如此做几遍。我那时还不太明白其中的道理,但还是谨记在心,想起来就照猫画虎做一做。

但是,随着孩子慢慢长大,上幼儿园了,上小学了,我们和孩子的身体接触却变得越来越少。你还记得上一次用心地、充满爱意地拥抱孩子,温柔地抚摸他,是什么时候吗?

我们用语言的交流代替了身体的接触。当孩子哭泣,当他做了让我们头疼的事情,我们更倾向于用讲道理、唠叨、惩罚、打骂来教育孩子,而效果往往让我们无比气馁。我们早已忘记了医生的叮嘱——充满爱意的抚摸,有着巨大而无声的功效,对小婴儿有用,对大孩子也有用。

请记住下面的研究结论:

抚摸能减缓人体压力激素的分泌。经常抚摸、拥抱孩子,会减少孩子的暴力倾向,让孩子的性格更加开朗,自信心增强,富有爱心,社会适应力强,情绪平和。相反,很少被抚摸、缺少情感联结的孩子,会显得胆小退缩、过分敏感、容易焦虑、性格孤僻,不善于人际交往。

充满爱意的抚摸,胜过一千个道理,一万遍唠叨。

明白了抚摸的重要性,那么,我们具体该怎么做呢?我总结为两个时间段，一个时间点。

两个时间段，是指早上起床时、晚上临睡前。这个时候，孩子的心情是放松的，容易敞开心扉，和孩子沟通起来会比较顺畅。

说个橙子的故事吧。橙子同学的爸爸是中医，有一次我们几家人出去玩，他看到橙子吃饭吃得不多，别的孩子能吃一大盘，橙子吃半盘都勉强。他建议我们平时多给橙子捏捏脊，可以调理脾胃，增加胃口，还能少生病。

我回去就照做。每天晚上临睡前，我让橙子趴在床上，从下往上给他捏脊，一共捏九遍。一开始，橙子疼得吱哇乱叫，两条腿乱踢腾，大喊："不捏啦！"坚持捏了几天，就不那么疼了。

每次捏完脊，我都会像撸猫一样抚摸橙子的后背。小孩的肌肤光滑细腻，像缎子一样，手感非常好，让人忍不住心生爱意：这个小孩多好啊，多可爱啊！那一刻，一股"怎么爱你也不够"的柔情油然而生，我明显感觉到自己内心也变得柔软了。抚摸完了，我会轻拍一下他的小屁股：好啦！我俩笑嘻嘻地闹一会儿，橙子就开心地睡觉去了。

这样捏了一段时间，橙子居然惦记上这件事了。有时我忘了，橙子还会问："今天还捏脊吗？"我想，与其说橙子喜欢捏脊，不如说他更享受临睡前这一小段时光，妈妈温柔的抚摸，让他有了被爱、被呵护的感觉。

一个时间点，就是孩子哭闹不休、调皮捣蛋，惹得你心烦气躁的时候。

孩子这么闹腾，其实是在呐喊——我缺爱了！我需要感知到妈妈的爱！可惜，很少有妈妈能听懂孩子的"呐喊"。妈妈们的常规做法是：不理他、斥责、打骂。这些都会让孩子感觉更糟，他会用更加强烈的哭闹、捣蛋来渴求爱。

这个时候，我们不妨"动手不动口"，和孩子有个身体的温柔接触——抚摸他、拥抱他。摸摸孩子的背部，摸摸他的小脑袋，把他紧紧地搂到怀里，静静地待一会儿，用心去感受你们之间情感的流动。这些动作非常有助于缓解孩子的焦虑情绪，帮助他慢慢平静下来。

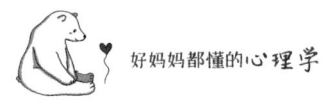

其实,不只是孩子,从 0 岁到 100 岁,我们的身体都需要这种温柔的、充满善意的抚摸。我曾经看过一篇报道,一对 80 岁的夫妇,精神状态和身体状态都显得很有生机。问他们健康长寿的秘诀,这对夫妇说:虽然我们早已没有性生活,但我们会经常充满爱意地抚摸对方。

老年人的这种"类性交行为"也是专家们提倡的,它会让人心情愉悦,减缓压力。这是长寿的秘诀,也是婚姻幸福的秘诀。尤其对于女性来说,有时候,比起单纯地做爱,丈夫充满爱意的抚摸更能让妻子得到心理上的满足。她会感到自己不是因为性才被爱的,而是因为自己本身就值得被珍视、被呵护,这会让她产生更多的幸福感。

被温柔地抚摸是我们的肌肤隐秘的渴望,每个人都有这样的渴求,却又被我们自己所忽视。下一次,当你又被孩子闹得头疼不已的时候,让自己闭上嘴,动动手,抱抱他,抚摸他,亲亲他。

这样的时刻,无声胜有声。

习惯养成篇
好习惯是如何养成的

多一些耐心,再多一些。
孩子磨蹭,有时是正在积攒内心的力量,
去面对他不愿意做的事。

孩子太磨蹭？因为你总是催催催！

如果做个排行榜，投票选出最让家长苦恼的教育问题，我猜"孩子太磨蹭"能进入前十名。磨蹭，貌似一大顽症，从四五岁到青春期，横扫各个年龄段，很多家长为此头疼不已，无计可施。我曾经也为此烦恼了好久，直到我开始学习，尝试做出改变。从无计可施到渐入佳境，这一路走来，颇多体会。

"磨蹭/催促"模式曾经在我们家天天上演：早上催起床，放学催写作业，晚上催睡觉，一天三场，天天循环播放。

就拿早上起床这件事来说。每天早晨把橙子叫醒，我就赶紧准备早饭。往往等我忙了好一会儿，进屋一看，衣服才穿了一半，人家还坐在床上发呆，正神游四方呢！

"快点，快点。"第一遍催，还能做到和风细雨。

好容易下了床，一转身看见猫，又去逗猫。

"赶紧刷牙洗脸！你看看几点了？还有工夫逗猫玩！"

总算洗漱完毕，早饭也端上桌了。每天早上吃饭是个大工程，得磨磨蹭蹭吃半天。眼看着快到上学时间了，小孩儿才吃了一半，又是催催催。

从起床到出门，小孩儿总共只需要做几件事，一只手就能数得过来，却需要我不停地提醒、下指令：

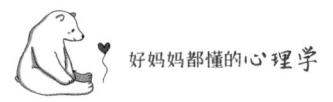

叠被子了吗？没有。——催。

装书包了吗？没有。——催。

铲猫砂了吗？没有。——催。

……

每催一次，我的火气就往上蹿一分，到最后，往往以吼来为这部"催催催"交响曲压轴。这一早晨下来，弄得大人烦躁恼火，小孩儿心情沮丧。然而第二天，历史又一次重演……

我真正意识到催促不能解决问题，是在一天晚上，我照例催橙子去睡觉。催到第二遍，橙子还在沙发上玩，嘴上答应着，身体并不动。这时，一个念头突然跑了出来：几点该睡觉，说过这么多次，这么大的孩子，他其实是知道的。我再这么催下去，最后的结果就是，橙子只会以我催促的次数和发火的程度来判断该不该去睡觉，而不是他自己真正意识到该去睡觉了。简言之，他自己没有生成一个什么时候做什么事的内在节奏，只会依赖其他人的行为作为判断标准。我日复一日、从早到晚不停地催促，最终会让他失去对自己的掌控能力。

不能再这么催下去了。

我首先做的，是管住自己的嘴，控制自己不去催促，不去唠叨。有一天晚上，我有意控制住自己不去催促橙子睡觉。我想看看，不催的话会有什么结果。那天晚上，我忍了又忍，好几次话到嘴边又生生咽了回去。最后的结果是，按照橙子自己的节奏来，只比平时的睡觉时间晚了十几分钟。

催与不催，只差了十几分钟，我一遍又一遍地催，到底有多大意义？我对自己不停催促产生了一种无意义感。何况，我们催促，其实就是不相信孩子有自我掌控的能力，不相信他能管好自己——一个劲儿地催他还这样，要是不催他，还不定磨蹭到什么样呢！

可是，催的多了，孩子就对催促产生了免疫。那时，常规性的催促已经不管用了，孩子会想：嗯，大人刚开始催，看来时间还早，还可以玩一会儿。直到动用重量级的"催促+发怒"，孩子就知道：嗯，这回来真的了，看来是到时间了。慢慢地，催促的大人和磨蹭的孩子在无意识中形成了默契：不催，不动；小催，小动；吼着催，才动。

所以，**第一件需要改变的事，就是停止催促和唠叨，给自控力的小芽一点时间，让它慢慢破土长大**。这个等待的过程其实挺考验耐心的。也许孩子习惯了被催促，一下子没人管了，会有一个反弹。磨蹭的情况会更严重，也很正常，需要我们多一些耐心和引导给孩子。

第二件事，明确父母和孩子的界限，分清磨蹭是谁的事，让孩子自己做决定，培养他的自主意识。每次我忍不住想催孩子的时候，就会提醒自己：这些催孩子做的事情，是我的事还是孩子的事？如果是孩子的事，他不着急，我为啥要比他还着急？这么一想，心态就缓和很多，不容易急躁了。

判断是谁的事，有一个很简单的标准，就是看这件事的后果由谁承担：谁承担，就是谁的事。显然，起床、写作业、睡觉，这些都是孩子自己的事。可是，催来催去，变成家长比孩子还着急，好像成了家长的事。

把本该由孩子自己负责的事情揽到自己身上，这其实是一种界限不清的表现。很多教育问题都起源于界限不清。家长越过界限，孩子自然往后退缩，最终变成了家长支配孩子，孩子丧失了自主能力，习惯了在一声声的催促中按指令行事。

接橙子放学回家的路上，是我们的聊天时间。在开始做出改变后，我增加了一项内容。我会问问他作业多不多，打算用多长时间写完，今晚回去打算做什么事，让他自己安排一下晚上的时间。这样的对话，会让他有意识地对晚上的时间分配有一个大致的安排——有计划和没计划，由家长

多一些耐心，再多一些。要知道，孩子磨蹭，有时是正在积攒内心的力量，去面对他不愿意做的事。

安排和由自己安排，两者的感觉是不一样的，孩子的主动性也是不一样的。

在聊这样的话题时，我会注意保持一个轻松自由的氛围，就像聊其他有趣的话题一样，橙子不会感受到来自我的压力。如果用要求、命令的口吻去说，那效果可能就截然相反了。

第三件事，是用行动引导行动。批评教育不能解决问题，训斥打骂更不能，并且还会导致更多问题。实践已经证明，批评教育和催促一样，效果都非常有限。真正有效的，是家长用行动引导孩子，在具体的事情中让他体会到磨蹭和不磨蹭的不同结果。

针对橙子早晨磨蹭的问题，我和橙子爸爸尝试了很多办法。经过不断摸索改进，现在的做法是这样：建议他几点几分出门比较合适，我们在这之前收拾利索，在客厅等着他，不催不喊。他什么时候收拾好了，就什么时候再出门。会不会上学迟到？也许会。那他只能接受迟到的后果。

如果出门晚了，也不会批评或者发火，我会在路上点他一句：你看，咱们晚出来十分钟，就在路上多堵好长时间，弄不好就要迟到。明天咱们争取早十分钟出来，你还能早到校玩一会儿。有过这样几次，孩子慢慢就会对什么时候出门心里有数了。

有时候，不妨狠下心来，让孩子承担磨蹭的后果。我们催促孩子，初衷是为了帮他避免磨蹭的后果：上学迟到，没完成作业，挨老师批评……在我们的催促下，总是有惊无险，表面看，我们帮助了孩子，实际上，却剥夺了他们对自己行为负责的权利。就让他迟到一两回，挨两次老师的批评，他就会知道着急了。跌了跟头，下次才会注意看路。总是由家长带着绕开坑坑洼洼，就总也学不会自己看路——反正有爸爸妈妈领着我呢。

第四件事，平时注意培养孩子的时间观念。

小孩子磨蹭，一个很重要的原因就是对时间没有太多概念，就容易出

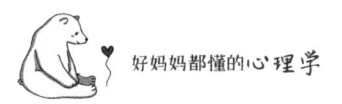

现这样的情景:你这边已经急得火烧火燎,他那里还在优哉游哉。

橙子睡前喜欢听一会儿故事,总是听了一个还要听。后来我和他商量,只听 5 分钟,还给他设置了 5 分钟的闹铃。记得第一次设闹铃,铃一响,橙子惊奇地说:啊,5 分钟这么短?

小孩子就是这样,当他对时间没太多概念时,你和他说:快点,还有 5 分钟就迟到了!他却对 5 分钟有多长没有概念,以为还早着呢,当然不慌不忙了。培养孩子的时间观念,可以借助闹铃,提醒他用了多长时间,慢慢地,做什么事用多长时间,孩子心里多少就会有数了。

第五件事,多一些耐心,再多一些。要知道,孩子磨蹭,有时是正在积攒内心的力量,去面对他不愿意做的事。

发现了吗?孩子磨蹭的事情一般都是他不太愿意去做的事:起床、写作业、睡觉、做家务……换成让他们出去玩、吃好吃的、看电视,你见过哪个孩子磨磨蹭蹭的?都是一溜烟就跑去做了,抓都抓不住。

有的时候,面对困难或者不愿意去做的事情,孩子看上去是在磨蹭,其实是在做一个缓冲,积蓄内心的力量去面对。

有的小孩写作业遇到难题时会玩一会儿手头的小玩意儿,缓一缓,再接着做。在大人眼里,这就是在磨蹭。这时,就需要耐心等一等,别急着催,打乱孩子的节奏。如果玩得时间过长,再稍微提醒一下即可。

想一想,我们大人遇到难题的时候,不也会先放一放,刷会儿手机,吃点东西,重整旗鼓再来面对吗?小孩子也是一样啊。

这五件事,从意识到到做到,我花了好几个月时间。变化是在不知不觉中一点一滴发生的。每看到橙子有了一点小小的改善,我都会及时做出积极回应,强化他的行为。

现在,我家的早上一般是这样的:橙子起床后会自己完成一系列规定动作：穿衣、叠被、铲猫砂、洗漱。吃饭还是慢点，有时会提醒他一声：还有几分钟就要出门了。书包前一天晚上会收拾好，再检查一遍有没有落下的东西。我们收拾好了，会等着他。偶尔他比我们动作快，会有些小得意地来催我们。

有时他还会有点小磨蹭，有时也会发一会儿呆，在我眼里都是正常的，顶多会提醒他注意一下时间。

现在想来，我已经好久没有因为磨蹭而冲他发脾气了。从一开始控制不发脾气，到现在觉得没什么值得发脾气的，在陪伴橙子成长的同时，我自己也有了提升。

其实，孩子之所以磨磨蹭蹭，有一大半"功劳"在家长身上，每个磨蹭的孩子背后，都有一个不停催促唠叨的家长。孩子一磨蹭，家长第一反应就是催催催，越催促，越磨蹭，最终成为一个恶性循环。

等他长大了，开始独立生活，没有了父母的催促和控制，自控力又没发展起来，很容易放纵自己，看看那些在宿舍里逃课通宵玩游戏的大学生，看看那么多为拖延症而苦恼的成年人，就知道自控力有多重要了。

想让孩子不再磨蹭，就要先从改变自己入手，用自己的言行去引导孩子、影响孩子。说起来，这比催促、训斥、发火要难很多，需要大人对自己有觉察，对孩子有同理心，还要有足够的耐心——你，愿意做出这样的改变吗？

三个步骤破解孩子赖床难题

如果提个问题：作为孩子妈，每天早晨第一件让你头疼的事是什么？估计很多人都会说：催孩子起床。这是一场双方耐心和意志力的较量和考验。大人这边争分夺秒、一遍遍地催催催，孩子那里睡眼惺忪、哼哼唧唧、磨磨蹭蹭。好不容易叫起床了，赶紧到厨房忙着做饭，再回来一瞅，人家还坐在床边发愣、神游四方呢。见此情景，你说急人不急人，免不了又是一顿河东狮吼。总算出了门，经常是这样一幅场景：大人愤愤不已、唠唠叨叨，孩子闷闷不乐、垂头丧气地跟在后面。

这种每天令人抓狂的局面，到底该怎么破？

总结起来，孩子不愿意起床，无外乎两方面的原因：

一、还有点困，还想再睡一会儿。

二、不想去幼儿园或上学，没有动力开始新的一天。

在保证孩子睡眠时间的基础上，我们可以做三件事：情感联结，提升情绪，找到动力。

情感联结

前几年，橙子被叫醒后的第一件事，就是喊："妈妈抱！"

这是孩子要求情感联结的信号。睡了一晚，小孩睡眼惺忪地醒过来，好像重新回到了这个世界，有点懵懂。他需要妈妈熟悉、温暖的怀抱来确认一下：妈妈还是像昨天一样，依然爱他，他依然是妈妈最爱的宝贝。

因此早晨的时间再紧，我也会抽出几分钟时间，坐到床边，把橙子搂到怀里，静静地待一会儿。抚摸抚摸橙子的身体，揉揉他的小脑袋，亲亲他，用心地抱一抱他。然后假装抱不住要撒手："哎呀哎呀，抱不住了！"橙子眼看要掉到地上，嘎嘎笑着赶紧抱紧了我。早晨的起床仪式就此结束。我起身继续忙碌，橙子也情绪稳定、心情不错地开始了新的一天。

拥抱、抚摸、亲吻，这样的身体接触就是和孩子之间最好的情感联结。孩子感受到妈妈的温暖，感受到妈妈的爱，心里很踏实，就有力量开始新的一天了。

提升情绪

孩子刚睡醒，尤其是还有些困的时候，情绪难免有些低落，哼哼唧唧、哭哭啼啼。这个时候，小孩就变得很拧巴，怎么着都不行，好像故意在和大人做对，特别容易激起火来。这个时候，催促唠叨只会让他的情绪更加低落，我们需要做的是提升他的情绪。

提升情绪最好的办法就是游戏。有时，抱抱的仪式结束后，橙子看起来还是有些困，赖着不愿意起床。我就开始和他玩一个小游戏：小蚂蚁爬呀爬。用食指和中指的指尖假装小蚂蚁，在橙子身上"走来走去"。一边走，一边说："小蚂蚁，爬呀爬，爬过高山（屁股），爬过平原（背部），爬到大草原（头发），咦，这里怎么有个山洞（耳朵眼），我要进去看一看。"

橙子就哈哈大笑，捂着耳朵不让"小蚂蚁"进去。

"小蚂蚁"又爬呀爬，爬到了胳肢窝："咦，这里好暖和啊，太舒服了，我要钻进去。"我趁势挠他痒痒，橙子被痒得嘎嘎大笑，在床上滚来滚去。这么一闹，不知不觉瞌睡就跑得无影无踪了，情绪也高涨起来，接下来就好办了。

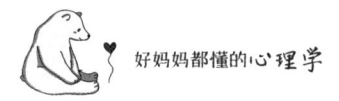

相比我的温情脉脉，橙子爸爸的游戏就"暴力"多了。他的诀窍就是——换着花样"折腾"孩子。不是赖着不起吗？那就拿被子整个把他包起来，连人带被子在床上滚来滚去。还躺着不动？就拽住小脚丫，像拖小猪一样把他拖到床边，抱起来，"扔"到床上。孩子霸住被子不放？那就连人带被子一起叠。叠不了几下，你会听见小孩从被子深处发出"嘎嘎"的笑声。

这样的游戏，其实是情感和情绪的双重充电。花上几分钟，和孩子闹一闹，让他开心地大笑一阵。笑完了，你会明显感到孩子的情绪顺畅多了，不再那么拧巴了，接下来的事就开开心心地去做了。

其实，不仅是起床这件事，让孩子做什么事，调动起情绪都是关键。心情好，什么事都好商量。心情不好，看什么都不顺眼。我们大人不也是这样吗？别把提升情绪当成任务，当你放松心态，把它当成和孩子之间加强情感联结的 mini 游戏时光时，你会发现，你和孩子都会很享受清晨这短短的几分钟。

找到孩子的起床动力

橙子上二年级之前，早上起床经常也是磨磨蹭蹭的，上了二年级，不知不觉画风就变了。为了早早到校，橙子每天临睡前自己定闹铃。小孩子睡得沉，有时听不到闹铃声，去喊他起床，也是迷瞪一小会儿，一骨碌就爬起来了。起床这件事的主要矛盾，也由我们催起床变成了橙子催我们早点出门。

之所以发生了这么"翻天覆地"的变化，是因为橙子发现，如果每天早点到校，就可以趁老师来之前和几个早到的同学撒欢儿玩一会儿，他们称为"茶话会"时间——虽然最多只有二十分钟，也是孩子们一天当中难得的痛快玩的时间。

如今，起床这件事在我家已经不再是个问题，因为橙子自己找到了起床的动力，我们需要做的只是配合他的节奏，还有，想办法让他多睡一会儿。

孩子之所以不愿意起床，磨磨蹭蹭，原因之一是没有起床的动力，不愿意离开温暖的被窝，一想到还要去幼儿园、去学校，就有点不情不愿。催促吼骂只是外界的动力，就像推着一列火车走，费力不说，事倍功半。如果引导孩子找到动力，火车自己就开动了，很多问题就迎刃而解了。这个动力，一定是孩子自己认可的动力，而不是大人认为的动力。

每个孩子的动力都不一定相同，橙子从二年级到现在，早起的动力也换了好几个：和同学开"茶话会"，想第一个到校，想帮老师打扫卫生，早点写完早自习的作业……

平时多和孩子聊聊天，发现他的兴趣点，引导他找到自己想做的事，所谓"功夫在诗外"，也许孩子就有了早起的动力。我们大人也是这样啊，早上一睁眼，如果这一天有所期盼，就会很开心地起床，兴致满满地开始新的一天。

其实，何止早上起床这件事，晚上睡觉、写作业，其他很多事情，也可以用到这些方法。如果说在教育孩子上，有什么包治百病的灵丹妙药，这三个办法调和在一起服用，就是一剂良药：情感联结，提升情绪，找到动力。

不如就从明天早晨开始，试试看？

孩子粗心马虎能治不？能！

前几天在地铁上，我旁听了一节历史课。

一位妈妈为了给孩子讲马虎的危害性，居然讲到了 20 世纪 30 年代冯玉祥、阎锡山和蒋介石的中原大战。那场战争，因为参谋的马虎，在调令中"沁"字多加了一撇，把"沁阳"写成了"泌阳"，导致冯玉祥把军队调集到了错误的地点，最终输掉了这场战争。一字之差，中国的历史可能由此改写了……

我在旁边听着，深深折服于这位妈妈渊博的知识。为了孩子对马虎有深刻的认识，她引经据典，煞费苦心，真是不容易。不过，看到孩子垂头丧气又无可奈何的样子，我又对妈妈的良苦用心有多大效果产生了怀疑……

说起马虎，妈妈们真是又咬牙切齿，又束手无策。有一句话，可能每个妈妈都说过——我家孩子挺聪明的，题目都会做，就是马虎。如果改掉了马虎的毛病，成绩肯定能上去。

可是，怎么改呢？一般来说，妈妈们的做法如下：

◇ 苦口婆心、引经据典讲道理，一遍遍地耳提面命"认真，认真，再认真"。

◇ 信奉"熟能生巧"。马虎就是因为掌握得不牢靠，那就找来各种题，多做题，反复做。

有用吗？除了让孩子烦躁不已、更加不爱学习，好像没什么用。

妈妈们愁死了。

想解决马虎问题，先要看到马虎的背后到底是什么。与其说马虎是一种毛病，不如说它反映了以下几个问题：

◇ 大脑发育的生理特点
◇ 学习能力的问题
◇ 学习习惯的问题

看清了马虎的来源，就可以对症下药、有的放矢了。田田妈妈是我的好朋友，她用了两年时间解决了孩子马虎的问题，孩子的数学成绩也从倒数几名变成了前几名。她运用的方法，就是在有意无意中解决了这几方面的问题。来看看她是怎么做的吧。

数学老师开出的第一个药方：阅读。

一二年级时，田田的数学属于中等，田田妈妈也没太在意，觉得差不多就可以了。直到二年级时的一次数学考试，田田考了全班倒数几名，一向很淡定的田田妈妈这下不淡定了，她赶紧和数学老师联系，询问该怎么办。幸好，数学老师是个很负责任的老师，她给田田妈妈分析：咱们可以从三个方面来看——

第一，上课听讲的习惯。我观察到田田上课还是比较认真听讲的，这方面应该没问题。

第二，写作业的习惯问题。田田的作业都能按时完成，完成情况也还不错，说明平时用心学了。

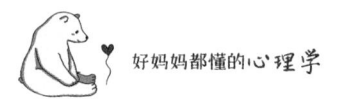

第三,我们再来看看田田的试卷。你看,好几个丢分比较多的地方,都是因为没读懂题,漏掉了题里的一些条件,所以才做错了。

这也和孩子的年龄有关。这个年龄段的孩子,阅读能力还没发展起来,就会出现读题没读明白、漏掉重要信息的情况,这个问题随着孩子长大,会有所改善,家长也要注意培养孩子的阅读能力。所谓功夫在诗外,想解决马虎问题,先要从阅读做起。

数学老师给田田妈妈开了一个"药方":提升孩子的阅读能力,让孩子多读书。田田妈觉得老师说的有道理,就照方抓药。每天拿出 30 分钟作为阅读时间,母女俩一人一本书,看完交流心得。一个学期下来,田田累计看了几十万字——对于一个二年级的孩子来说,这已经很不简单了。

效果也是显而易见的。到了三四年级,田田的阅读能力大幅提升,已经很少在审题环节丢分了。还有一个意料之外的收获:因为每天阅读,田田慢慢爱上了阅读,作文写得越来越好,多次被当作范文登在校报上。

数学老师开出的第二个药方:运动。

那天,数学老师还开出了一个让田田妈妈没有想到的药方:让孩子多运动。原来,低年级的孩子出现丢字落字、抄错数、多一笔少一笔这些问题,看起来是马虎,其实和大脑发育不够成熟有关。通常情况下,眼睛看到信息,传递给大脑,大脑处理信息,再发出指令给手指。这个过程对大人来说太熟练了,几乎是自动化反应。而孩子的大脑发育还不完善,接收视觉信息、发出动作指令都要有一个反复练习、熟练的过程。

运动可以促进大脑的发育。通过肢体的活动、对各种情况的迅速辨识、处理,可以刺激大脑相关部位神经元的连接,对于提升记忆力、专注力和自控力非常有好处。小学阶段是大脑发育的黄金时期,所以,与其把孩子困在书桌前收效甚微,不如带他一起去狂跑,去疯玩。

田田妈妈有个最大的优点,她认定的事情,就会坚持做下去。明白了运动对孩子的好处,她每周都要抽出几天时间,带田田下楼跑圈,或者打球、跳绳、骑车,母女俩经常玩得满头大汗,气喘吁吁。周末的时候,一家人经常拿出一整天的时间去爬山。一开始,要四五个小时才能爬到山顶,到后来,一个半小时就爬到了。

田田妈妈说,要说运动有什么立竿见影的效果,那倒没看到。但是,这两年下来,感觉田田的专注力提高了,可以很长时间专注在一件事情上。

田田妈妈的妙招:不再给孩子检查作业。

田田妈妈是个非常有心的妈妈,善于观察和总结,除了老师开的药方,她针对田田的情况又做了两件事。

第一,不再给田田检查作业了,改为让孩子自己检查作业。因为她发现,如果家长帮着检查作业,孩子就会产生依赖心理——反正一会儿妈妈也会给我检查,写错了也没关系,检查出来了我再改。这么一想,心态免不了就浮躁了,遇到稍微难一点的题就容易敷衍潦草,差不多就行,出错率就高。

家长一检查,就觉得这孩子太马虎了——这么简单的题都做错了,抄题都抄不对!所以,田田妈妈告诉田田,以后妈妈不给她检查作业了,她要自己打草稿检查验算,如果做错了没检查出来,那也只好挨老师批评了。

习惯了妈妈给检查作业,一下子变成自己检查,田田当然不干了,又哭又闹又磨妈妈。田田妈妈想出了一个主意:过渡阶段,每天你可以选三道拿不准的题让妈妈帮忙检查。这个听起来还可以接受,田田同意了。

刚放手的那段时间,情况比以前更糟糕了,田田的作业错得一塌糊涂,被老师批评了好几次。田田妈妈知道,重新建立秩序,这是必经阶段。她硬忍着,坚决不再插手检查作业。一两个月后,情况开始好起来。田田慢慢习惯了做完作业自己检查,正确率也大大提高了。更重要的是,田田意识到了做作业是她自己的事,不是妈妈的事。

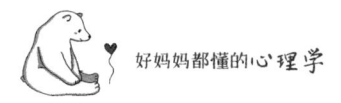

当然，妈妈也会暗中留意田田的作业情况。有时候学了新内容，田田掌握得不太好，妈妈也会帮她一起分析思路，找规律，找方法。这样，孩子就会感到妈妈并不是完全不管她了，妈妈还是爱她的，会在她需要的时候拉她一把。

田田妈妈的另一个妙招：草稿要工整。

田田妈妈要求田田做题要有草稿，草稿要像作业一样整齐。哪里有问题，就用不同颜色的笔标出来，检查的时候就会重点关注。

田田妈妈是理工科出身，她自己因为这个习惯受益匪浅。草稿写得工工整整，一方面可以让思路更加清晰，一步一步推导下来，有助于加深对题意的理解。另一方面，很多马虎就出现在验算的时候，比如，抄错数字，对位没对齐，写得潦草，自己写的自己都看错了……草稿工整，可以避免上述问题，还能养成孩子认真细致的习惯。通过具体的技巧外化孩子的思考路径，有助于形成清晰的思路，养成做事认真的习惯。

这些办法看起来平淡无奇，但田田妈妈一直坚持这么做下来，田田上三年级时还不太明显，从四年级开始数学成绩就明显赶上来了，一直保持在班里前几名。田田妈妈很庆幸，在田田二三年级的时候，用对了力气，该放手的放手，该抓牢的抓牢，用两年时间帮田田养成了好的学习习惯，进入了一个良性的轨道，现在就省事多了。马虎的问题，在不知不觉中已经不再是一个问题了。

更重要的是，在这个过程中，田田还有了好多意想不到的收获：好的身体，阅读能力和表达能力的提高，以及为自己负责的责任感，相信自己能做好的自信心。

你瞧，如果只看到马虎问题本身，想尽办法消灭症状，结果会越弄越糟。如果提升了认知高度，看到了马虎背后的成因，从根上入手，使巧劲儿，就会有事半功倍的效果。

每个沉迷游戏的孩子，
背后都站着失职的父母

这个暑假，又有几个朋友带孩子去医院散瞳配眼镜了，最小的刚上一年级。和朋友聊起来，发现这几个孩子平时都喜欢玩游戏，家长虽然会管，但也没有太严格限制。

都知道过多的玩游戏不好，怎么做才能避免孩子沉迷于游戏呢？我特地"采访"了身边一些亲子关系比较好的朋友，她们的孩子从小学到高中年龄不等，但有些回答，却大同小异，出奇地一致。

问：你家孩子喜欢玩游戏吗？

答：喜欢啊。

问：你会为这事发愁吗？

答：不会，我觉得还好吧。

问：你会禁止孩子玩游戏吗？

答：不会。一点不玩游戏是不可能的，适度就好了。

经过长期"磨合"，这些妈妈们都发现，让孩子一点不玩游戏是不可能的。尤其是随着孩子长大，游戏更带上了社交属性，班上同学都在玩，不

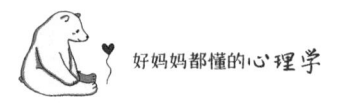

玩的孩子就会显得格格不入。

不管你愿不愿意接受，游戏，已经成为这一代孩子日常生活的一部分了。一味地禁止，只会把孩子逼到对立面，想方设法地钻空子——家里不让玩，就到外面玩；设了密码，就千方百计地破解；表面不玩了，学会了偷着玩……压制得越严格，反弹得越强烈。

百堵不如一疏。与其这样，还不如想办法和游戏"和平相处"，引导好了，这件事还能起到积极作用。这几位妈妈各自的情况不同，共同之处就是基本不会为孩子玩游戏这件事苦恼，而是把它当成孩子的正常需求，适时适度地玩就好。

下面是这些妈妈们的一些做法，希望能给大家一些启发。

约定规则，限制玩游戏的时间。

我采访的妈妈里，90%都会限制孩子的游戏时间，少数不限制的，也是因为孩子自己会控制游戏时间。有的是每天中午固定玩一小时；有的是周五周六周日，每周三天，每天30分钟；有的是每天晚饭后半小时。约定好了，就严格执行。

有的妈妈一开始禁不住孩子的软磨硬泡，会有些变通，但时间一长，发现心软反而助长了孩子钻空子。说到做到，按规矩行事，不再讨价还价，彼此反而很轻松。时间长了，孩子学会了自己安排时间，什么时间学习、玩游戏、做其他事情，他自己就会有一个统筹规划。

畅畅上四年级，非常喜欢看跑男，但周末只有30分钟看手机看电视的时间，那么他就要学会取舍，决定是看跑男，还是玩游戏。

在著名的棉花糖实验中，心理学家发现，面对棉花糖的诱惑，表现出自控力和延迟满足能力的孩子，长大后会更事业有成，人生也会更幸福。在玩游戏这件事上，游戏就成了"棉花糖"。只要规则制定得合理，就可以帮助孩子培养自控力和延迟满足的能力，从小学会时间管理和自我管理。

调查数据也提供了数据支持，限制玩游戏的时间，会大大降低孩子沉迷游戏的概率。

告诉孩子游戏的危害，提前防范风险。

很多妈妈都提到，她们会找一些新闻报道给孩子看，提前告诉孩子玩游戏有哪些严重的后果，比如有的小孩给游戏充值充了几十万元，不加节制玩游戏毁了身体，等等。

18 岁以前的孩子，心智还未成熟，他们只是觉得游戏好玩，根本意识不到沉迷进去会有哪些严重后果。提前告诉他们，先入为主，在他们头脑中植入这些概念，会比等事情发生了再敲打，效果要好得多。

好几个妈妈都提到了蓝鲸游戏。她们会先了解这个游戏到底是怎么回事，是怎样一步步控制人，诱导人自杀的，然后把游戏的本质和危害讲给孩子听。相当于提前给孩子打了预防针，在内心设置了一条警戒线。以后遇到类似的事情，孩子心中就有了警惕性，会提醒自己不要掉进去。

帮孩子把好第一关，培养孩子辨别选择的能力。

一个朋友说，她会和孩子一起下载游戏，看看哪个游戏不适合小孩玩，就删掉，从一开始就把好关。

孩子班上有四十多个人，小孩子们各种排列组合的 QQ 群就有 200 多个，这位妈妈把所有的 QQ 群都"审"了一遍。有些孩子会转发比较血腥的图片，说收到的人要转发到 10 个群，不然怎样怎样，还会碰到社会上的发红包群。这位朋友就给孩子讲解，传播这些信息背后的人的意图，他们真正想要做什么。孩子会睁大眼睛问：真的吗？她才发现，孩子毕竟是孩子，很多大人一看就明白的套路，涉世未深的孩子根本不知道，如果没有防范和引导，很容易出问题。

所以，在孩子社会化的过程中，父母必须要帮助孩子把好关，同时培

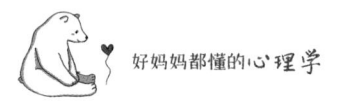

养孩子自己的辨别能力，这是作为监护人的责任。

培养孩子发展更多兴趣爱好。

一位妈妈的做法也很值得借鉴。

儿子在读重点高中，每天晚饭后，美其名曰休息一下，也就是他的玩游戏时间。一般也就玩半个小时，孩子自己就不玩了，因为还有更多有意思的事情要做，要画画，要弹钢琴，要剪片子上传到 B 站，要和同学们一起骑行……那么多有趣的事，孩子都忙不过来了，游戏自然而然只占了他生活的一小部分，妈妈根本用不着刻意限制儿子玩游戏。所以，有意识地让孩子多培养一些兴趣爱好，围魏救赵，也是很有效的一个方法。

很多家长禁止孩子玩游戏时，会说：别玩游戏了，学习去，看书去！但是当孩子的生活中只剩下学习和玩游戏，他不时刻惦记着玩游戏才怪呢。不让玩游戏，很多孩子宁可躺在床上无所事事，百无聊赖，也不愿意去看书学习。

孩子需要快乐，需要放松，需要友谊，现实中找不到，他就会到游戏中找。让孩子的生活充实起来，让他在生活中找到乐趣，交往几个说得来的、高质量的朋友，有趣的现实生活会比有趣的虚拟游戏更有吸引力。有调查发现，北上广深一线城市的孩子，沉迷游戏的比例为 12.8%，四五线城市的这个比例为 34.1%，相差了近三倍。重要原因就是，经济越发达的地区，孩子的娱乐活动越丰富，孩子在游戏上面分配的注意力就越少。

放下你的手机，高质量地陪伴孩子。

当你指责孩子沉迷游戏的时候，别忘了看看自己在家里是什么状态，是不是也整天抱着手机刷微信刷剧刷淘宝？

很多家庭，晚上经常是一幅"安静和谐"的画面：一家三口，妈妈看电视，爸爸刷手机，孩子玩平板电脑，各自全神贯注，互不打扰。大人身体力行地刷手机，孩子耳濡目染，有样学样，在这样的环境里，一味地禁止孩子玩游戏，是不是也太考验孩子的意志力了？

不想让孩子沉迷游戏，自己就先做到不沉迷手机。空出来的时间，就用心和孩子玩吧，做各种游戏，亲子阅读，到户外玩，讲睡前故事……只要有心，就能想出很多花样来。研究数据也证明，亲子关系质量也是孩子沉迷游戏的重要因素。家庭亲子互动的频率越高、亲子活动种类越丰富，孩子沉迷于游戏的比例就越低。

说了这么多，其实当孩子沉迷游戏，家长最需要做的是反省自己。同样的网络游戏，为什么有的孩子会沉迷于此，毁了一生，有的孩子会控制适度，不耽误走上人生巅峰？

只能说，游戏是一个问题，但不是最主要的那个问题。问题的关键还是在家庭。这个家庭能不能给到孩子足够的心理营养和情感支持。家庭决定了孩子的内因，游戏只是外因，外因通过内因起作用。打个不太恰当的比喻，同样的感冒病毒，有的人被传染了，有的人安然无恙，区别就在于自身的免疫力。

沉迷于游戏的孩子，很多都能从家庭环境中找到共性，比如：

父母控制过多，管教严格，甚至打骂孩子是家常事；

父母和孩子缺少交流，只关注学习，忽视了孩子情感上的需要；

父母关系不好，情绪不稳定，经常爆发争吵冷战，家庭气氛比较压抑……

生活在这些家庭环境中的孩子，当他不玩游戏的时候，被迫回到现实中来，就会感到空虚、孤独、压抑和挫败感。这些负面的感受连大人有时都承受不了，何况孩子。他们不知道怎样处理这些负面感受，只是下意识地想逃避。逃到哪里去？只能逃到游戏里去。

游戏可以让他放松，让他宣泄，让他开心，让他体会到成就感、全能

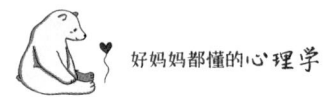

的控制感。在游戏中,他不惧怕失败。失败了,没有指责,可以一次次重来。过关了,会有各种奖励,会有同伴的祝贺,这些成就感是在现实生活中得不到的。在游戏中,他会收获友谊,感到和同伴之间的连接,而不是现实生活中孤独的一个人。在游戏中,他确确实实感受到了自己的存在,感受到自己的力量,这是一个人存在下去必不可少的精神力量。

这些,都是孩子需要的心理营养。在现实中得不到的,在游戏中全得到了。两相对照,他在游戏里有多开心,他在现实生活中就有多失落,这才是孩子沉迷游戏的根本原因。与其说孩子沉迷游戏,不如说他像落水的人想紧紧抓住救命稻草。

所以,当孩子沉迷于游戏,作为家长,我们需要问问自己:孩子需要的这些心理营养,我们给够了没有?一味地禁止、打骂、围追堵截,只会适得其反,把孩子推向游戏的怀抱。

我采访的这些妈妈,平时和孩子的关系都不错,教育孩子都有自己的一套,她们的孩子都没有太多问题,有的还很出色。这些妈妈并不是在玩游戏这个问题上有多么神奇的做法,而是平时在和孩子的相处中,注意和孩子交流,尊重孩子的感受,形成了良好的沟通氛围。孩子得到了充足的心理营养和情感支持,就像吃饭一样,在精神上"吃饱了",知道了真正营养又美味的食物是什么味道,自然不会无节制地去吃垃圾食品。

游戏不是带娃神器,也不是洪水猛兽。孩子玩游戏,不能不管,也不能全管。在管和不管之间,如何拿捏这个尺度,需要父母们的智慧。而最大的智慧,就是反省自身,作为家长给孩子创造了怎样的家庭环境,是否给予孩子充足的爱和接纳,这才是根本。

孩子被欺负时，怎么教孩子"打回去"？

有一次和朋友聊天时说起，她家儿子上一年级，总是今天少了把尺子，明天少了根铅笔。问他，就说丢了。朋友虽然纳闷孩子怎么总是丢东西，倒也没说什么。直到有一次，她发现孩子的作业本封面被撕掉了。在她的一再追问下，孩子才说是同桌撕的。这就有些问题了。把前面丢东西的事联系起来，和孩子一聊，发现同桌好像有点欺负孩子。虽然不是那种很明显的欺负，更到不了霸凌的程度，但天天和同桌坐在一起，明里暗里吃点亏，总是不爽的。孩子也是又委屈又郁闷。

孩子的性格比较温和，朋友担心他还会受欺负，问问我有什么办法。

我想起前两年发生的一件事。

有一天，橙子放学回来，明显的闷闷不乐，这是很少见的。我们问他发生了什么事。橙子说，班上有几个同学总是找他闹着玩，这个抱他胳膊，那个拽他腿，对他拉拉扯扯，嘻嘻哈哈地打打闹闹。橙子很不喜欢被这么闹，说着说着就哭了起来。

听橙子这么说，我大概猜出几分，这事看起来是同学之间的玩闹，但已经有一点欺负的意味了，所以橙子才有不好的感受。

我和橙子爸爸给他出主意：课间你离他们远点，可以找其他同学玩。

橙子说："他们一下课就来找我，非要追着我玩。"

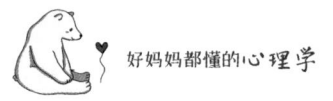

"你可以告诉老师啊。"

"我说给他们告老师了,他们不听。再说,老师也不能每个课间都管。"

"哦,那下次他们再找你闹的时候,你就很严肃地大声告诉他们:我不喜欢这么玩!你们不要再这么闹了!"

橙子撇着嘴:"我说了,他们根本不听。"

看来橙子已经自己做过努力了,这是实在没有办法了才和我们说。

那该怎么办呢?

橙子爸爸想了想,说:"来,儿子,爸爸教你几招,下次他们再找你闹,你就还击他们。"

橙子犹犹豫豫。他从小到大没打过架。

我说:"这样,咱们模拟一下当时的场景,假装爸爸是找你闹的同学,你来还原一下,他是怎么做的,你是怎么做的。"

按照橙子的指导,爸爸从背后抱住了橙子。橙子两脚乱踢,一边挣扎一边叫:"放开我!别闹啦!"

这么一模拟,我和橙子爸爸立刻就明白问题出在哪儿了。橙子确实反抗了,也确实出声制止了,但是,他的反抗看起来像只乱踢腾的小猫,他的叫喊听起来并没有警告和制止的意思,反而有点嘻嘻哈哈。难怪他的同学喜欢追着他玩,因为橙子看上去并没有多反感。相反,他的挣扎和喊叫还会让同学觉得更有趣,像逗小猫一样。当然,橙子可能确实把这次扮演当成了游戏,所以有些嘻嘻哈哈闹着玩,但多少也反映出了实际情况。

橙子是一个性情比较温和的小孩。这样的性格,优点是与人为善,不会主动攻击别人,但缺点是,当他受到攻击时,不知道该怎么有效反抗。当别人觉得他没什么事时,他内心其实已经很不舒服了。

橙子爸爸说:"下回同学再这么抱着你,你就就势踩他脚。来,咱们练习一遍。"

一练习,又发现问题了。橙子被爸爸抱住了,他踩了爸爸一脚。平时和我们玩，橙子的小拳头挺有劲的，真要让他动真格的，他反倒不敢用劲了。

"使点劲！再使劲！"

橙子使劲跺了爸爸一脚。

"嗯，差不多了。爸爸再教你一招，他们抱住你时，你就用胳膊肘使劲顶他。"

练了几次，力度总算过关。

说起来，橙子的攻击意识弱，除了和天生的性格有关，和我们以前对他比较强势也有关。强势也是一种攻击，在"攻击"面前，他习惯了退缩，不知道如何反抗。虽然现在我们已经改变了，但对孩子的影响不是那么容易消除的……

我又教给橙子，怎样严肃地制止他们。我们练习了几次，让他体会怎样的表情、语调更有威慑力。我告诉他："当你觉得不舒服时，一定要大声严肃地告诉他们，先礼后兵，他们不听再还击。"

过了几天，橙子回来说，几个同学又围着他闹着玩，他冲着为首的那个同学就是一拳，力度应该不小，橙子看见对方的眼泪都快出来了。那个同学没想到橙子会还击，愣了一下，带着几个人呼啦就跑了。

这之后，那几个同学再也没有这么追着橙子打闹。这事就此翻篇。小伙伴们又可以开心地玩耍了，后来，橙子还和为首的那个同学成了不错的朋友。

讲这个故事，我想说的是，当遇到类似情况或者比较棘手的问题时，角色扮演游戏是一个好办法。很多时候，孩子的表达能力有限，他表述的也许和实际情况有出入。这时，和孩子一起玩扮演游戏，让孩子扮演或导演其中的角色，可以更多地还原当时的情形，帮助我们了解事实是怎样的。

就像我们让橙子模仿同学打闹。如果只听橙子说，我们会觉得是橙子

我们要教孩子从开始就守住自己的界限,学会大声说不,学会适当的反击,或者更智慧地应对。

被欺负了，但是在扮演中，我们才发现，橙子的反应也导致了他会被这么对待，也就知道了该怎么有针对性地帮助他。

有的家长会和孩子玩老师学生的游戏，让孩子当老师，家长当学生。通过孩子怎么当老师，就能大致了解孩子在幼儿园、学校的情况，老师是怎么对待孩子的。

角色扮演的另一个好处是，很多时候，我们虽然告诉了孩子该怎样做，但他只是懵懂地知道个大概，具体该怎样做，他还是很茫然。如果我们只是告诉橙子：你要还击，他抱住你，你可以踩他的脚。貌似我们教给了他怎样做。实际上，一模拟才发现，橙子理解的踩脚和我们说的踩脚，是有很大出入的。通过一次次的扮演练习，他才能体会到具体怎么做、多大的力度是合适的。

这样的扮演也是预演，孩子知道了在什么样情形下该做出什么样的反应。复杂一点的，甚至可以针对不同的情况练习不同的应对方式。通过一次次的练习，孩子对可能发生的情况、该做出的应对方式都熟悉了，心里有了底，就可以更加沉着地应对了。

所以，针对文章开头朋友的问题，我建议她可以回家和孩子玩一下角色扮演游戏，看看孩子到底遇到了什么情况，他是怎样应对的。心里有数后，再和孩子商讨出合适的应对方法，模拟这样的场景，多练习几次，看看效果如何。

其实，孩子之间打打闹闹、搞点恶作剧很平常，尤其是男孩，很多时候都只是调皮捣蛋，算不上真正意义上的欺负。但是，当他们发现对方总是软弱退缩、表现得好欺负时，人性中的欺软怕硬就会一点点被激发出来，变本加厉，慢慢地也许就变成了真的欺负。所以，我们要教孩子从开始就守住自己的界限，学会大声说不，学会适当的反击，或者更智慧地应对。

那么，怎么判断是欺负还是普通的打闹呢？主要看孩子的感受。

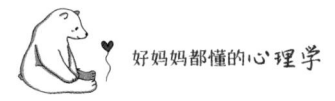

如果他不觉得有什么，嘻嘻哈哈地挺开心，就不用太多干预。如果孩子已经为此感到困扰，情绪低落不开心，并且自己无力解决的时候，就需要大人的帮助了。这个时候，家长的态度特别关键，能和孩子站在一起，积极地想办法解决问题，会给到孩子心理上的支持和安慰。

内心有力量、有依托，也会让孩子变得更加勇敢。

学习篇

学习问题不仅仅是
学习问题

当我们为孩子的学习焦头烂额时,也许可以这样做:
尽量给孩子创造玩乐的空间,
给他无所事事发呆的时间,给他多一些选择……

小学阶段最重要的事，不是学习

前几天，一位妈妈和我吐槽，女儿上五年级，以前都很乖，现在变得越来越不爱学习了，总是要催着才去写作业。前两天她下班晚，孩子自己在家一个多小时，作业没写几行，还偷偷摸摸玩游戏，把她气坏了。周末她本来计划带孩子出去玩，因为这事，活动也取消了，让女儿在家补落下的功课，同时好好反思反思。

我倒觉得，如果一个孩子，周一到周五，每天晚上除了写学校作业，还要做英语课外班和奥数作业，周末两天，有一天半的时间要赶去上兴趣班，剩下半天写作业，这样的生活日复一日过上几年，孩子变得不爱学习，该反思的人应该是父母啊。

其实，这也是我们做父母的都要反思的一个问题：在小学阶段，对孩子来说，最重要的是什么？我觉得，最重要的，不是学会了多少知识，会做多难的题，会背多少单词，而是养成好的学习习惯，摸索出好的学习方法，同时，保持对未知事物的好奇心和热情。

而要做到这三点，有一件事非常重要，却也被很多父母所忽略，那就是：能力、感受和自我认知的迁移。

什么是迁移？简单地说，就是我们在 A 事中获得的感受、能力，会运用在 B 事中。比如，当我们面对一件比较困难的事，缺乏信心的时候，心

学习这件事,并不单单是学习这件事。要解决孩子的学习问题,就不能只孤立地盯着学习。而要看到,学习和玩耍、和生活中的方方面面,都有着千丝万缕的联系,时时刻刻都在发生着迁移。

理学家告诉我们，可以想一想之前是否有过类似的成功经验，想想当时自己是怎么做的，有什么感受，把这些经验、感受复制过来，就会让自己有更多的信心和勇气去面对当前的事情。这就是迁移。

事实上，我们每一天都在做着这件事，都在把过去的经验、感受迁移到此时此刻，只不过，有时是有意识的，有时是无意识的。对小孩子来说，更是如此。他们对这个世界的体验、对自我的认知都还单薄，需要大量地积累经验、感受，一点点形成对这个世界的看法，对自我的概念。对于孩子来说，最主要的积累途径，就是——玩耍。

在玩耍、游戏中，他们获得了愉悦感、满足感、成就感、创造意识、自主意识；他们学会了专注、自控、分享、互助、观察；他们学会了分析问题、解决问题，学会如何面对困难和挫败，变得更加自信、有勇气、有韧性……这些正面的、积极的感受、能力和自我认知一旦形成，就会在潜移默化中迁移到其他事情上——包括学习，也包括他们成人以后的工作和生活中。

有一次，和一位50多岁的朋友聊天。她说，她非常感谢她的父亲。在父亲潜移默化的影响下，她形成了很多好的品质，是一笔受益终生的宝贵财富。比如，自信。这位朋友有一种迷之自信，她相信自己就是可以把事情做好。

有困难吗？有。遇到过挫折吗？遇到过。但她就是觉得自己可以做好，没有什么理由。这种自信也确实帮助她无论在体制内还是创业中，都做得风生水起。这种莫名的自信从哪里来？也许就是从幼年时一点一滴的小事中形成的，慢慢内化成自己的品性，也迁移到所有的事情中。

小学阶段，是一个人能力品性的养成阶段，也是孩子形成自信的关键时期。当孩子越多地体验到自己的能力，通过努力获得更多的积极反馈，他越会相信自己是有能力做好事情的，也就越激发他努力做得更好的内在

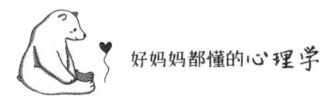

动力。

有一位妈妈深谙此道,她在处理女儿不愿意去幼儿园的问题上就运用了迁移的原理。女儿不想去幼儿园,这位妈妈是这样做的,从早上开始,就有意识地让孩子帮她做些事。比如,妈妈要晾衣服,就对孩子说:宝贝,你能不能帮妈妈一个忙,给妈妈递晾衣架,这样咱们就可以很快地晾好衣服了。

孩子觉得可以给妈妈帮忙了,觉得自己很能干,干得很开心。

接着,妈妈打开衣橱:宝贝,你今天打算穿哪件衣服啊?你自己来挑好吗?下了楼,妈妈问:宝贝,你来决定,妈妈今天骑哪辆电动车啊?

这样一路铺垫下来,到了幼儿园和妈妈分别的时候,孩子虽然有点不情愿,但还是和妈妈说了再见,像个小大人似的走了进去。

这就是感受的迁移。

帮妈妈晾衣服、挑选衣服、选择电动车,妈妈不断地让孩子自己做选择,让孩子感受到自信、对事情有掌控感,感到自己是一个有主见、能负责的人。

那么,在面对上幼儿园这件事时,她自然就把这些感觉迁移过来,由原来的"我不得不去幼儿园"转变为"我决定去幼儿园""我可以面对去幼儿园这件事"——这种状态就完全不一样了。

话说回来,不仅正面的感受和认知可以迁移,负面的感受和认知同样也可以迁移。当孩子在学习这件事上感受到太多的挫败感,这种感受和认知也会迁移到生活中的其他方面。他会觉得自己就是很笨,就是马虎,就不是学习的料,自己做什么都做不好,什么都不如别人……当一个人时时刻刻被这样的负面认知所笼罩,他的人生可能都是灰暗的。

可惜,当孩子在学习上遇到问题时,焦虑的家长会把注意力全都集中在学习上。

这类题不会做？那就多做题，熟能生巧！

总是马虎看错题？那就罚抄 10 遍，100 遍！

写作业总是拖拖拉拉？那就减少玩耍的时间，写不完作业不准玩！

注意力不集中，写作业总是开小差？那就从头到尾严防死守地陪读。

……

总之，学习中的所有问题，都要通过更多的学习来解决。结果是，孩子的生活中只剩下学习。他对学习越来越厌烦，问题越来越多，家长也越来越焦虑，双方陷在死循环中挣脱不得。甚至，孩子对自我存在的价值，都会产生怀疑。

心理学家、北京大学的徐凯文教授说，这些年，他接触的大学生自杀案例越来越多。他发现，很多大学生自杀的原因，并不是想死，而是不知道为什么活着。他们觉得活着没意思、没价值，人生了无生趣。因为，他们从小到大的人生中，几乎只有学习这件事。

所以，学习这件事，并不单单是学习这件事。要解决孩子的学习问题，就不能只孤立地盯着学习。而要看到，学习和玩耍、和生活中的方方面面，都有着千丝万缕的联系，时时刻刻都在发生着迁移。

当我们为孩子的学习焦头烂额时，我们也许可以这样做——尽量给孩子创造玩乐的空间，给他无所事事发呆的时间，给他多一些选择，创造更多的情境，让他体会到愉悦、自信、满足、价值、创造。

这些，会在不知不觉中塑造孩子的品性、能力，他会这样看待自己：我可以专注做一件事，遇到问题，我可以想办法解决，这个世界太有趣了，我好想去探索……当孩子具有这些积极的品质和自我认知，他会以更好的状态面对学习，面对他的人生。

我差点亲手把孩子逼厌学

这几年,我接触到很多厌学的案例,也写了一些相关的文章。我深深知道,孩子厌学的背后,和家长的焦虑和逼迫有很大的关系。

是的,我知道。但这是头脑的"知道"。当我眼睁睁看着自己的孩子,在短短不到两个月的时间里,从积极写作业,到拖延着不想写,到对学习有了抵触情绪,我才深深"体会"到家长的焦虑会给孩子带来怎样的影响。

这事要从这学期开学说起。

橙子9月就上五年级了。暑假时,和海淀、西城的家长们聊了一圈下来,我有些不淡定了。所以,开学第一天的路上,我就非常认真地和橙子进行了一场谈话,大意是:从一年级到四年级,我们都尽量创造条件让你多玩,你也玩了四年了,五年级是很关键的一年,你要做好思想准备,要给自己加压力了,等等等等。

橙子也点头表示同意。

我自我感觉思想工作做得很到位,橙子是个比较省心的孩子,道理讲透了,利害关系摆明白了,接下来,他就该知道努力了。

但没多久,我就发现事情没那么简单。

橙子的英语语法比较弱,这学期我给橙子报了英语课外班,难度要比学校学的高不少,橙子一开始根本听不懂,很多该知道的知识点都不会。

橙子爸爸给他辅导时，也总是弄得一肚子火。有将近两个月的时间，橙子晚上做完学校的功课后，还要做奥数作业，补英语课外班的进度。功课弄得差不多了，也快睡觉了，每天晚上玩不了20分钟。周末除了写作业的半天时间，还要上两个兴趣班，感觉一下子变得紧紧张张的。

那一阵子，橙子蔫蔫的，感觉总是在疲于应付。我们看着橙子的样子，看着干干净净的奥数作业本，也憋了一肚子怨气——

都让你玩了四年了，你也该知足了，也该抓抓学习了。

你看看谁家的孩子像你这么轻松，哪个不是报了一堆课外班？

你就是以前太松懈了，稍微紧张一些就受不了。

……

这么一想，耐心就少了很多，各种看不顺眼。

也就是在那段时间，有几次，我看到橙子在玩，问他写完作业了吗？橙子说：还没呢。没写完作业还不赶紧去写。我嘴上催着他，心里却有点意外。从一年级到四年级，橙子写作业从来没让我们操心过，基本都是到家先写作业，甚至在课间都会抓紧时间写作业。他比我们心里还装着写作业这件事。而现在，居然需要我们催他写作业了。这样的事情发生过两三次后，我觉得不对劲。有一天，我和橙子聊了聊。

原来，橙子觉得即使写完了学校作业，还有奥数和英语作业，感觉作业无边无际，没有尽头，好不容易写完作业，也就没时间玩了。还不如偷空先玩一会儿，能玩一会儿是一会儿，能赚一点是一点。

橙子说："我已经在学校抓紧时间写作业了，课间的时候，我想做英语课外班的作业来着，可是一看到上面的题我都不会，还那么多，我就特别烦躁……"说着说着，橙子的眼圈红了。

我忍不住搂过橙子，心里也很不是滋味。孩子上小学这几年，我一直尽量做到开明、淡定，尽量为橙子抵住大环境的压力，让他有个无忧无虑的童年。但是，当小升初越来越近，我也不由得变焦虑了。我一焦虑，就

孩子不是一张白纸，可以任由你在上面勾画理想蓝图。孩子是一粒种子，他的天赋，他的性格，都已经包含在种子的基因里。父母要做的，就是给孩子的天性一些尊重，给生活一些敬畏。

把压力传导到孩子身上。

可是，我的孩子已经很努力了。

他是个懂事的孩子，他理智上知道要好好学习，但是，一下子加重的学业和我们的压力，打破了他自身的节律，让他下意识地想要逃离这种除了学习就是学习的生活。生活对他来说，变得枯燥、沉闷、无趣……

关于这件事，我好好地想了想。我之所以焦虑，是因为我看到了很多孩子比我家孩子更优秀。不仅优秀，还勤奋。不仅勤奋，心理素质还好，抗压能力强。这么一比较，就生出了许多焦虑——你怎么就不能像他们那样？

但是，橙子的反应让我不得不面对现实——我的孩子，他有他原本的样子。橙子是一个有些敏感的孩子，他遵守纪律，知道上进。响鼓不用重锤，他不喜欢过于严厉和严格的环境，这几年，我们也一直在营造一个抱持的环境，尽量让他的生命力舒展开。但是，如果因为学习这件事给他施加太多的压力，他好不容易舒展开的生命力可能又会蜷缩回去。

我问自己，如果在一个开开心心、身心健康的孩子，和一个学习很好、看起来很成功，但内心充满焦虑和恐惧的孩子之间选择，我会选择哪个？我宁愿选择前者。我接受我的孩子就是一个普普通通、资质中等的人，他能开开心心地做自己，就好。何况，我相信橙子有自己的潜力，有自己的天命，他不会差到哪里去。是我自己的焦虑和恐惧在作怪，在竞争和压力下，我忘了自己的初心。

想清楚了这些，我的焦虑减轻了很多。

我们为此开了一个家庭会议，讨论怎样安排学习和玩的时间。讨论的结果是，减掉周末的一个课外班，除了学校作业必须完成外，减少课外作业的量，每天阅读20分钟，规定动作做完，剩下的时间就由橙子自己安排了。

这么操作下来，每天晚上橙子基本上都能有一个小时的自由活动时间。

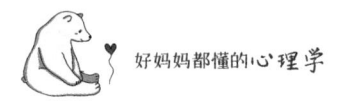

周末可以玩一天半的时间了。我们会尽量带他到户外活动——据说孩子每天要在户外活动两三个小时,对身心发育、对视力都有好处。大家都感觉轻松了很多。橙子又恢复了以前的状态——内心稳定、开心、自信,拖延着不想写作业的情况没有再发生过。

有一个周末,橙子爸爸告诉他,把作业写完、该做的家务做完后,剩下的时间你来安排,我们的时间都是你的,你说去哪儿玩咱们就去哪儿玩。你都想象不到,那天橙子写作业、做家务的效率有多高,而且做得兴致勃勃。

在这样的状态下,不久后发生的一件事让我更加坚定了我的信念。

一个周末,吃完晚饭的家庭活动时间,橙子提议大家一起画画。

好啊。我们积极配合。

我家厨房墙面铺的是纯白瓷砖,我专门指定了一整面墙,橙子可以在上面随意涂画。我画了一只像老虎的猫,橙子爸爸画了一个橙子的头像(除了头发像,其他都不像),橙子画了他最擅长的莲花荷叶图后,灵感大发,说要画梅兰竹菊。我和橙子爸爸看没我俩啥事了,就溜了出来,只剩下橙子自己在厨房搞创作。

我们在卧室待着,半天听不到厨房的动静。橙子爸爸想去看看情况,顺便捧捧场,却被小孩儿拒之门外,说还没有完成,不能进。

又过了好一会儿,橙子宣布:"好啦,可以来参观了。"

我们进去一看,忍不住哇了一声。小孩儿太会玩了。一整面墙,他画了竹、梅、松、菊、荷、柳,每幅画下面还题了诗。我略略扫了一遍那些诗,有点不敢相信:"这些诗都是你写的?"

"是啊。"

字写得龙飞凤舞,颇有古人的豪放做派,实在不好辨认。在橙诗人的指点下,我一句句读下来。边读边在心中暗叹:这是怎样一个小脑袋啊!这小脑瓜里都藏着什么啊!这些句子都是怎么想出来的啊!真是很出乎我的意料。

我狠狠地夸了橙子。真的,我觉得橙子比我强,我像他这么大的时候,从来没想过写诗这回事。我把这些诗画一一拍照保存了下来,当然,免不了发到朋友圈里晒一晒。

这件事让我很感慨:如果一味地逼着孩子学习,埋头在书山题海里,他哪里有时间、有心情放飞去题诗作画?在创作过程中,他勾勒线条、斟酌字句,沉浸在自己的世界里,这不就是无形中在培养创造力、专注力和文字表达能力吗?

通过创作,他收获了成就感和自信心,这些对他内心的自我构建不是益处多多吗?而这些能力和信念,对孩子的影响更为深远,同时,也在潜移默化中迁移到孩子的学习中。

我很庆幸,因为一直在学习,一直有觉察,所以橙子厌学这件事只是刚露出苗头,我们就及时发现并扭转了过来。我知道,我只是一个非常普通的妈妈,免不了会受大环境的影响,这一波焦虑过去,以后还会免不了焦虑。这是我的功课。我能做的,就是尽量自我调整,不把焦虑传递给孩子。同时,想清楚自己到底想要什么,提醒自己养育孩子的初心——让他开开心心地做自己。

因为,孩子不是一张白纸,可以任由你在上面勾画理想蓝图。孩子是一粒种子,他的天赋,他的性格,都已经包含在种子的基因里。父母要做的,就是给孩子的天性一些尊重,给生活一些敬畏。

给它时间,让它慢慢长大;

给它空间,让它尽情舒展;

给它呵护,让它的根扎得更深更稳。

因为,你根本想象不出,这粒种子会开出怎样绚烂的花,结出怎样丰硕的果实,长成怎样的参天大树。

如何破除陪读的四大魔咒？

家有小学生，让很多父母头疼不已的一个话题就是：陪读。

"晚上10点多，一个女人在咆哮"已经不算什么了，因为陪读，急出了心脏病，急得回了奶，急得男女混双花样吊打更是一再刷新人们的认知——陪读大业已经上升到珍爱生命的高度了。

父母委屈，孩子也不好受，天天挨骂挨打，小小心灵留下了重重阴影。可以预见的是，随着孩子的长大，年级的升高，这场战争还会不断升级，杀伤力会更大，最终两败俱伤。

那么，到底该怎样陪读才能让家庭和谐、身心健康？

让我们从陪读的四大魔咒入手，看看让父母们急火攻心的都是什么。

一般孩子的学习遇到问题有这几种情况：一、马虎。二、磨蹭。三、注意力不集中。四、学习动力不足。看到这里，估计很多家长会一声哀叹：唉，我家孩子这几条占全了！

关于这几个问题的讨论，几乎每个都可以写篇博士论文。这里我只想从心理学的角度，提醒父母们一些容易忽视的问题。你会发现，原来在这场陪读大战中，你才是导演，决定着剧情的发展、演员的命运。

先来说说马虎。

有位妈妈和我念叨，孩子上一年级，练习写生字："明明那里还有一撇，他就是看不到！他怎么能看不到呢？！眼睛都看啥去了？快把我气死了！"

其实，有的时候，马虎真的不怨孩子。这个年龄段的孩子，大脑神经系统还没发育成熟，视觉辨识能力不强，所以才会导致 q 和 p 分不清，t 写反了方向，类似的问题经常出现。

关于这一点，我特别有体会。有一次，我带橙子去参加一个脑科学沙龙。沙龙上有一个促进脑功能开发的小仪器，看着镜子里相反的镜像——手、笔和弯弯曲曲的轨道，让笔沿着轨道移动，笔不能触到轨道的两边，一接触仪器就会滴滴响。这个游戏看上去挺简单的。

橙子先画，画到一个拐角，就怎么也画不下去了，仪器嘀嘀直响。我在旁边看着直着急——这有什么难的？直到我尝试了一次，才发现，还真难。

我做得还不如橙子。笔停在拐弯的地方，你明明想往右下方画，可是因为镜子里的图像是反着的，手就是不听大脑使唤。我第一次体会到眼、手、脑的不协调。大脑这一条神经通路没开发，就真的指挥不了身体，哪怕你拼命地想做好，也是有心无力。直到练习了好几遍，我的手和脑才协调了一些，滴滴声少了很多。

这件事让我体会到，大人觉得特别简单、明白的事情，孩子就是看不到、做不好，是因为他们的大脑发育还没跟上。就拿这件事来说，眼睛看到的信息传递给大脑，大脑发出指令给手指。这个过程对大人来说太熟练了，几乎是自动化反应。而孩子的大脑发育还不完善，接收视觉信息、发出动作指令都要有一个反复练习、熟练的过程。

所以，当你为孩子的马虎恼火时，请提醒自己，孩子也不是故意马虎的，他很可能真的没看到，真的没意识到。请给孩子多一点时间，多一点耐心。

如何解决这个问题？

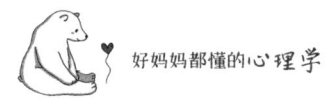

◇ 养成检查、演算的习惯。

◇ 让孩子当小老师,给家长讲讲题,在讲题的过程中,加深了理解,也可以减少马虎。

◇ 培养孩子的阅读能力,观察能力。

◇ 多运动,促进手眼脑的协调。

第二个常见问题是:磨蹭。

磨蹭的原因有很多,很多家长可能都没意识到,磨蹭其实是孩子的一种消极抵抗。你吼我骂我打我,我有一肚子委屈和怨气,但你是大人,我是孩子,我拿你没办法,只能服从。但是,有一点你拿我没办法——你控制不了我写作业的时间。我磨磨蹭蹭,你只能干着急,又能怎样?

孩子很可能没有这么有意识地想过,但面对父母的打骂和控制,他下意识地就会采取消极抵抗的方式,用这种隐晦的方式来表达他的不满、他的反抗。很多孩子越催越磨蹭,越骂越迟钝,作业拖到半夜,做事丢三落四,这其实都是一种消极抵抗。

另外,很多家长觉得孩子的基础薄弱,必须要多练习才能巩固,所以在老师留的作业之外,又给孩子布置了练习题。结果是,好不容易作业完成得早,孩子刚想喘口气,家长就拿来练习题让孩子做,理由貌似无可辩驳——我是为你好,基础本来就这么差,只有多做练习才能跟上啊。

孩子会怎么想?"我好不容易做完作业可以玩一会儿了,又要做练习。反正早完成也玩不了,还不如磨蹭点,这样做的题还少点"——趋利避害是每个人的本能。换位思考一下,如果你是孩子,你也会这么应对啊。

如何解决这个问题?

◇ 尽量少催,越催越磨蹭。与其在后面推着走,不如想办法找到孩子学习的动力，让动力拉着孩子走。

◇ 和孩子商量，让他自己安排时间，什么时候写作业，什么时候玩。言出必行，说话算数。如果写不完，让孩子自己承担后果。

◇ 当孩子学习出现问题，很多时候，增加大量练习反而适得其反，让他更反感学习。给孩子留出玩的时间，让孩子有个盼头，而不是呵欠连天地写作业，睡一觉起来又是学习，周而复始，了无生趣。

第三个令父母们头疼的问题是：孩子注意力不集中。

说到学习，十个家长会有八九个说自己的孩子缺乏专注力——怎么就坐不住呢？让他写作业，一会儿要尿尿，一会儿摆弄橡皮，一会儿说饿了……家长只有在一旁盯着，严防死守，还是防不胜防，一不留神人家就发呆愣神、神游四方去了。

其实，很多家长没有意识到，正是自己破坏了孩子的专注力。

孩子自己在那儿写作业，写得不工整了，家长的头就探过来了：写得太潦草，擦了重写！写错了一个字，家长的手指就伸过来了：没看清这少一横吗？擦了重写！背课文，正边想边背，被家长喝住：漏了一个词，重新背！

孩子写作业和大人工作在某种程度上是一样的，需要心流的持续贯注，需要沉浸在当下的世界中，这也是学习本身的乐趣。而这个过程时时被家长打断，孩子根本就不能享受到这种专注和沉浸，写作业就变成了一件苦差事。

缺乏专注力的孩子，他们在小时候很可能也常常被家长打扰。孩子做点什么，家长总在一旁指挥，以温柔或者强硬的姿态：你要这样做，不许那样做……

所以，种瓜得瓜，缺乏专注力是家长行为的结果，而不是学习不好的原因。

可是，如何解决这个问题？

◇ 从孩子感兴趣的事入手，让他享受专注和沉浸其中的乐趣。给他独处的时间和空间，不打扰，不指挥。

◇ 身教重于言传，我们做家长的，也要问问自己，在孩子眼里，自己是不是一个专注做事的人？晚饭后，大人看看书、写写字，在家里营造一个专注做事的环境。环境的力量是强大的，潜移默化中会让孩子受到影响和带动。

最后一个常见问题是：孩子缺乏学习的动力。这个问题和上面的问题紧密相连，因为孩子没有在学习中找到乐趣。

想想看，一个总是被批评、被吼、被打的孩子，在家长气急败坏、狂风暴雨的摧残中，渐渐认同了这个评判：自己就是粗心，就是磨蹭，就是笨，就是学习不好。慢慢地，孩子就会把写作业这件事和负面情绪联系到一起，一想起写作业就发怵，内心充满了沮丧、挫败感，战战兢兢，如履薄冰。这就是典型的习得性无助。这样的状态下，怎么可能对学习有兴趣、有动力？只能是想办法应付了事。越应付，越挨批，成了恶性循环。

与无力感相对的是成就感和掌控感。可以从这里入手，帮孩子找回内心的力量：

◇ 多鼓励，少批评，尽量把学习这件事和积极正面的情绪联系起来。鼓励的时候，多一点真诚，少一点套路。

◇ 别总是用挑剔的眼光看孩子，要善于发现他一点一滴的进步。比如：昨天十点写完作业，今天提前了十分钟，这就是进步。昨天错了五道题，今天错了三道，这就是进步。指出他的进步，和他一起小小地庆祝一下，问问他是怎么做到的，让他看到原来自己也可以做得很好。

最后，我特别想说的是，请父母们把目光放长远一些，别太焦虑。只要孩子智力没问题，他迟早能学会写字、两位数加减法的。焦虑让我们无法从容淡定，总想事事争先，结果揠苗助长。

为什么会焦虑？因为对未来的不确定。

可是，我们呕心沥血，夜夜陪读，真的能保证孩子成绩好，就能有个好的未来吗？不用说太久，即使十年前，你能预见到现在这个世界吗？无人驾驶的汽车已经在公路上飞驰，会计、医生都可能被人工智能代替——巨变正在发生，旧有的模式已经被打破。跑道已经变了，我们还在驱赶着孩子在原有的跑道上玩命奔跑。

未来，真正能胜出的是什么？与技能的熟练、知识的储备相比，一个人的创造力、感受力、想象力等软实力更为重要。还有健全的人格、良善的性格，这些都是孩子长大成人后幸福的基石。这些，才是人之为人的永恒宝贵之处。

世界万变不离其宗，以不变应万变，具备了应变的能力，才是孩子受益一生的财富。想明白了这些，也许你就能减少一些焦虑，重新改写陪读的剧本，改写你和孩子的关系。

如何引导"不务正业"的孩子？

橙子上一二年级时，迷上了听评书。上学时还有所克制，放假到了姥姥家，更是和姥爷白天黑夜地听。评书都很长，一般都是上百集起步，橙子居然听完了《杨家将》《七侠五义》《薛家将》《白眉大侠》……对各种"家将"如数家珍。

一想到别人家的孩子正在读书、学奥数、玩编程，自家孩子却抱着iPad听单田芳，几个人打一架能絮絮叨叨好几集，说一点儿不焦虑是假的。有这么多时间，干点什么有意义的事不好？

可是，当我想起自己小时候，暑假在奶奶家，午睡前，奶奶摇着蒲扇听评书，我躺在奶奶身边也听得带劲，那个画面现在想来还很温馨。还想起我上小学时，午睡时不睡觉，戴着耳机缩在被窝里，偷着听收音机里刘墉与和珅斗智，紧要关头却来了一句"且听下回分解"，百爪挠心般的痒痒，恨不得明天快快到来……听评书，让我感受到温情，享受到乐趣，我也是这么过来的，为什么就不能让我的孩子听呢？这么一想，我也没有过多阻止橙子听评书。但就这样听之任之，我也做不到。那怎么办呢？

我开始琢磨，橙子喜欢听评书，评书里讲的都是各个朝代的故事，他顺带着对历史也产生了兴趣，经常和我们讨论一些"历史"问题，比如：唐朝最厉害的人前五名是谁？李元霸用的是什么武器？大头鬼方舒安历史上是不是真有其人？这些问题经常弄得我哭笑不得。那么，与其听那些虚构的故事，不如听听真正的历史。想来想去，我想到几年前看过的一套书《明朝那些事儿》，作者把明朝的历史写得深入浅出很有趣，但以橙子当时的阅读水平，估计还看不下去。我就找到这套书的音频，试着让橙子听。橙子一下子就喜欢上了。

当时正值暑假，我们自驾游，路上的时间，一家三口就在听《明朝那些事儿》。车窗外是飞驰而过的山山水水，车厢里上演着几百年前磅礴跌宕的明代风云。有时候听得入迷，到了景点，橙子都不愿意下车玩了。

听了一百多集的《明朝那些事儿》，橙子对明代的文臣武将、军事谋略、官吏制度有了大致的了解，连王阳明的心学也略知一二，还煞有介事地对着一丛竹子上下打量，假装"格物致知"。

看来这条路可行，我暗想。

后来，我看得到APP上推出了施展的《中国史纲50讲》，这个课程没有太多的故事，更多的是对历史事件、朝代更迭规律性的总结。一开始我担心有些乏味，试着让橙子听听。没想到，橙子也很喜欢听。这套课15分钟一集。每天晚上吃饭的时候，我们会听一集。听完了，我还和橙子讨论里面的观点。

比如，史纲里讲到安史之乱，虽然这对唐朝来说是一件坏事，直接导致了唐朝由盛转衰。但正是因为安史之乱，当时的很多士官大族为了避乱，逃到了江南，促进了江南的经济和文化发展，到明清时期，江南的粮食产量已经达到了全国的一大半。我和橙子讨论，从这个角度说，你觉得安史之乱完全是坏事吗？

再比如，《史纲》里有一节讨论"金人怎么看待岳飞"。按说，岳飞是金人的死敌，金人应该恨之入骨。但是，岳飞身上体现出来的对国家的忠诚却超越了国界，金人也希望自己的国人能有这种精忠报国的精神，为此，他们还修建了祠庙纪念岳飞。真是让人出乎意料。

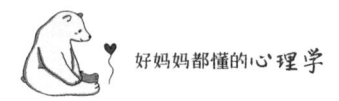

所以，看历史，不仅看到战争输赢、朝代更迭，还要看到历史事件背后永恒的人性，看到这个世界运行的规律和法则，这才是学习历史的目的。我希望通过这些讨论，能让他从更多角度、更深层次地看待历史。对于橙子能理解多少，我并没有太多的期望，只要对此有了一个浅显的认识，种下了一粒种子，就好。

有一天，橙子问我：妈妈，你知道为什么只有清朝能统一长城南北吗？接着他自问自答：因为清朝的皇帝又会和草原部落打交道，又会和长城以南的汉族打交道，所以他能统一，唐朝、宋朝、明朝的皇帝就只能统治长城以南。

这不就是史纲里的观点吗？说明他听进去了，还融会贯通，有了自己的思考。我很开心。

除了听音频，我一直很上心的就是橙子的阅读能力。我知道阅读的巨大好处，特别希望橙子能有那种如饥似渴地读书的劲头。我给橙子买过不少儿童小说，都是获得过这个奖那个奖的，但他兴趣不大，翻两页就放一边了。看到他对历史感兴趣，我想，那就试试历史书吧。给他买了《淡定，这里是三国》《我的历史课外书》，都是比较通俗有趣的历史书。橙子一下子就爱上了，看得津津有味，上学路上都要拿着在车里看。将近十万字的书，三四天就看完了，还问我："妈妈，雾满拦江写得太好玩了，他还有其他书吗？"

喜欢就好，全力支持。看完了雾满拦江，我又开始给他买袁腾飞的书。有一次聊天时，橙子自己总结说："我不喜欢那种虚构的故事书，我喜欢看这种评论性的书。"我深感欣慰，小孩终于找到了自己阅读的兴趣所在。这件事，让我深深感受到，兴趣是多么重要。而找到孩子的兴趣，适时加以引导，对于父母来说，是更重要的一件事。

除了听音频、读书，我还尽量带橙子多走多看，周末去故宫、颐和园、圆明园，去博物馆。

我们去圆明园，去看当年的遗迹，去黄花阵里走迷宫，在偌大的园子里走到脚疼。商店里在播纪录片《圆明园》，我们完完整整地看了一遍。

遥想当年，乾隆皇帝在位几十年，一派国泰民安、万国朝拜的盛世景象，还造出了这号称"万园之园"的圆明园。然而，就在烈火烹油的繁荣之后，却隐藏着故步自封的危机。乾隆死后不过几十年，清朝就在内忧外患中风雨飘摇，这个万园之园也几乎夷为平地。走走，看看，听听，想想，不由让人感慨万千。

除了自己转，我还带橙子参加一些亲子活动，有专业讲解的老师带着孩子们游览这些名胜古迹，边走边看边讲，一趟下来，会发现很多有趣的细节，了解很多历史知识（八卦）。

比如，口口相传的"推出午门斩首"，应该是"五门"；故宫的一个宫门匾额上居然还保留了当年内乱时的一个箭眼；颐和园长廊上的画有什么寓意；我们这些生活在北方的现代人原来并不是"北京猿人"的后代……这些有趣、充满细节的历史，孩子们听得津津有味。

读万卷书，走万里路。假期的时候，我们会尽量带橙子去远一些的地方玩。我们去内蒙古，开车从北京一路向北，穿过崇山峻岭。现在有汽车有公路有隧道，还要开上很久，想象着当年草原部落进攻长城、明朝大军浩浩荡荡出征，翻越崇山峻岭，该是怎样一番艰苦震撼的景象。

我们去山西，看云冈石窟，看北魏时期的历史遗迹，结合《史纲》里讲的北魏那段历史，原来很陌生的朝代变得鲜活起来。这就是体验的意义。身处其中，用眼耳鼻舌身意一一去体会，去感受。体验，会在不知不觉中塑造一个人的眼界和思想。

总结起来，通过这两年有意识的引导，橙子大致有了以下收获：

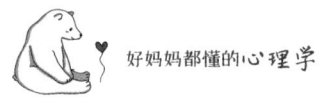

◇ 激发了他对历史的兴趣

◇ 提升了他的思考维度,对这个世界有了更开阔、更深入的观察角度

◇ 启迪了他的哲学思辨意识

◇ 丰富了阅历和体验

◇ 找到了阅读兴趣,提高了阅读能力

而这些,居然都是由"听评书"这件让我很焦虑的事情引发的。

做这些事,我并没有一个清晰的规划和思路,都是摸索着走。能走通,就继续走。走不通,就换条路。回头一看,连自己都有些吃惊,这么走走转转,居然走出了一番新天地。

当孩子痴迷于一些我们认为没有太多价值、纯属浪费时间的事情时,比如玩游戏、看漫画等,我们很容易担心他玩物丧志。但除了一味禁止,又不知道该怎么管。其实,在管和不管之间,还有第三条路可以走,那就是——引导。

怎么引导呢?我总结了一下我的经验。

◇ 孩子痴迷于某件事,说明他的兴趣和注意力就在这里。孩子的兴趣是指南针,顺着它的指示走准没错。

◇ 细心观察,多从正面看问题。事情都有积极、有价值的一面,找到它,强化它。

◇ 以孩子的兴趣为中心,带他多走多看多感受,让孩子看到,除了他所知道的,还有更好的东西,就像尝过了精致的美味,就不再贪恋垃圾食品了。

◇ 将单纯的愉悦引向理性的思考,引导孩子透过现象看到背后规律性的东西。思考维度提升了,就不容易沉溺于单纯的感官享乐了。

总之，只要有心，多尝试，总会找到合适的办法。更重要的是，除了这些，还需要一个好的心态：不把自己的意愿当作唯一正确的方向。不过多地执念于结果，尊重孩子自有他的成长之路。

还有，等一粒种子发芽的耐心。

当孩子说：妈妈，我想退学……

周日晚上，橙子的情绪看起来不太高。我以为是因为刚和小伙伴分开，就没太在意。临睡前收拾书包时，橙子突然说："妈妈，我想退学，我不想上学了。"

我暗暗吃了一惊，以前橙子偶尔也说过第二天不想去上学，但提出要退学，这还是第一次。我坐到他身边，语气尽量放轻松："为什么想退学呢？"

橙子说："班上有的女同学总爱记我们说小话，有时我们明明没说话，还是记下来告诉老师。"一边说，一边委屈得眼泪快要掉下来了。

我问："是只记你一个人，还是也记别人？"

橙子说："男生她都记。"

这时，橙子爸爸也坐过来了，毕竟孩子说出要退学，在我们看来不是一件小事。经过一番询问，我们大致明白了缘由，刚才提起来的心多少放了下来。

橙子爸爸说："你知道吗，每个班都会有这样的女同学，学习好，自己守纪律，对别的同学也要求严格，对老师交给的任务特别认真地完成。我上小学时班里也有这样的女同学，不用太在意，你只管做好自己就行了。"

橙子没说话，斜靠在沙发上，低头摆弄着手指头。

橙子爸爸想了想，又说："你是不是担心老师批评你？男孩子，挨点批评很正常，总是受表扬，没经受过批评，就像没经历过风雨的花朵……"

橙子反驳："可是她就是冤枉人，我明明没说话！"

我一边捋着思路，一边说："老师有可能不太了解情况，也许确实会批评你。咱们想想，老师可能会有哪些批评方式？轻一点的，点名批评，再重一点，罚站，最坏的结果，就是请家长。不过，即使是请家长，你也不用担心，爸爸妈妈也不会因为这个批评你。"

"班里那么多学生，老师不可能对每个人都了解得很全面，但爸爸妈妈知道橙子是怎样的孩子，不管老师批不批评你，你都是爸爸妈妈眼中的好孩子，我们永远都支持你，都相信你。"

橙子爸爸表示赞同："没错，即使你做错了，也没关系，以后注意就好了，有什么问题，爸爸妈妈和你一起解决。"

这些话说完，我有一种感觉，我们三个人之间形成了一种畅通的能量场，好像我们的能量传递给了橙子，那种感觉很奇妙。我把橙子揽到怀里。橙子没再说话，但我明显感到，他心里变得安稳踏实了。

第二天，橙子开开心心地去上学了，再没提想退学的事。

"退学"事件没过几天，我在工作上遇到一些事，心情又烦躁又沮丧，晚上睡不着，橙子爸爸就帮我分析梳理。

第二天，我正在上班，橙子爸爸发来一条信息："老婆，你大胆做事，不管外面发生什么事，老公都支持你，跟你在一起。"短短的几十个字，却让我心头一热，湿了眼眶。

作为母亲，作为心理学学习者，我知道在孩子遇到问题时，要给到他无条件的接纳和支持，我这样做了，也看到了这样做的效果。作为妻子，当我自己遇到问题时，得到了爱人无条件的信任和陪伴，我才切身体会到，被接纳、被支持，是一种什么样的感觉。

安全感，不是靠物质堆积出来的；勇敢，也不是一味把孩子推向外面就能锻炼出来。真正的安全感，是父母坚定的陪伴，是全然的接纳。是让孩子知道，在这个世界上，有一个家，是永远为他敞开的，他是值得被爱的。

这样的陪伴和支持，会碰触到内心最柔软的地方，让人放弃重重的盔甲、倔强的姿态，有一点点酸楚，更多的却是温暖。你知道了，你不是一个人在面对，外面的风浪再大，都有一个温暖宽容的港湾供你喘息疗伤。当你知道有这样一个退路和支持，内心就会踏实无比，更有勇气和力量去面对风雨。

我们做家长的，总想给孩子更多安全感，想让孩子变得更加勇敢。可是，安全感，不是靠物质堆积出来的；勇敢，也不是一味把孩子推向外面就能锻炼出来。真正的安全感，是父母坚定的陪伴，是全然的接纳。是让孩子知道，在这个世界上，有一个家，是永远为他敞开的，他是值得被爱的。

这样的信念，像一束阳光，让他的人生底色变得温暖。有这样的信念，一个人就不会走投无路，自暴自弃。这是一个人精神上的故乡，是一个人最终的退路。当他知道自己有这样的退路，才会生出真正的勇气和力量，去面对生活，面对未知。

一个男孩，体检时查出问题，医生说他的病有可能传染，所有的同学朋友都离他远远的，他的生活从阳光灿烂一下子跌进了冷酷的黑暗。十几岁的少年饱尝了人情冷暖，孤独、愤怒、无望，让他的心变得坚硬，像一只倔强的刺猬，刺伤别人，自己也伤痕累累。

只有父母一如往常地对待他，没有表现出一丝一毫的嫌弃。

他说，这些年来，只有和父母在一起，他的心才又变得柔软，就像石壁上裂开的一道缝隙，给他的生命透进一丝阳光，让他不至于彻底绝望。

一个女孩，从小到大都很优秀，是那种"别人家的孩子"，父母也一直以她为荣。只是遇人不淑，在婚姻中挣扎了多年，几度想要冲出围城，却又担心父母接受不了她的婚姻失败。

终于有一次，她鼓足勇气，试探着问父亲。没想到，一向不善于表达感情的父亲告诉她：我们相信你的决定，无论你做出什么选择，我和你妈妈都支持你，你都是我们心中的好女儿。女孩说，当时她忍了又忍，眼泪

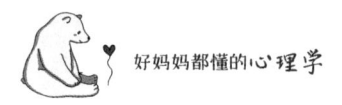

才没掉下来。她觉得,有了父亲这句话垫底,从此以后,她无所畏惧。

心理学家做过这样一个实验。实验者招募了一批受试者,让他们在实验室里做一些难解的题。如果集中注意力,这些题都是能够做出来的。但在做题的过程中,实验者给他们播放噪音。噪音让人心神不定,根本无法集中精力解题,导致受试者的成绩很差。

在下一个实验里,实验者给受试者提供了一个按钮,告诉他们:如果你觉得噪音太大,到了你受不了的程度,你可以按一下按钮,这样噪音就停止了。实验结果,这一次受试者的成绩非常好。而值得注意的是,第二次实验时,这些受试者并没有按下那个按钮。

这个按钮,就是退路。是的,只要我们知道有这个退路,仅仅知道它的存在,就会心生安定,就会心无旁骛,勇往直前——虽然它更多的是一种精神上的安慰。

少年时读《飘》,发现郝思嘉每次遭受生活重挫,她最渴望的就是回到家乡——塔拉。那里有懂她的父亲、温厚的母亲、疼爱她的嬷嬷,那里是她休养生息、舔舐伤口的地方。即使后来父母都已去世,那里仍是她精神上的故乡。小说结尾,白瑞德离她而去。望着远去的背影,她站在门口,一个念头无比强烈:"我要回塔拉去,明天就回去!回到那里,我就经受住一切了。明天,我会想个办法把他弄回来。毕竟,明天又是新的一天!"

后来,当我离开家乡,离开父母身边,年岁渐长,我越来越明白塔拉对于郝思嘉的意义,也越来越体会到心灵的故乡对一个人有多重要。回顾自己的成长历程,即使如今父母已渐渐老去,不能给到我多少实际的支持,但从小到大,父母给我的全然的信任和支持已经融进我的血液,变成了我后天的基因,这是我一生的财富。

也由此,当我的孩子遇到问题,我也知道了该怎样去做——为他敞开家门,做他永远的退路。

我是怎样让孩子爱上阅读的

早上送橙子上学,一上车,就见橙子坐得直直的,问我:"妈妈,你猜我衣服里面有什么?"

我摸了摸他小肚子那里:"是一本书吧?"

"对啦!"橙子从他的衣服里掏出一本丁丁历险记,是昨晚没读完的那本《卡尔库鲁斯案件》,他带在身上,是想在上学的路上把这本书看完。

此时,我有一种老怀甚慰的感觉。

如果你知道不久以前橙子的阅读状态是什么样的,就能理解我此刻的心情了。

事情得先从我小时候说起。

记得我小时候,爱上读书是一件特别自然而然的事情,爸爸妈妈给我讲小画书——我自己看小画书——自己看全是文字的书,这个过程顺其自然,没让爸妈费多少心思。那个时候还不注重亲子阅读,他们给我讲的小画书也并不多。只是爸爸喜欢读书,家里有很多书,可能是受了爸爸的熏陶,我在小学一年级时就能读整本的故事书,三年级就开始看大部头了,什么英国小说选、日本小说选,爸爸书柜里只要有些故事情节的书我都翻来囫囵吞枣地看。

慢慢地,读书变成了我生命中不可缺少的一部分,成为一种根深蒂固

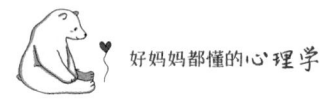

的生活方式，它对我人生的意义、对我生命的滋养，怎么强调也不为过。

所以，当我自己做了妈妈，一方面，我非常希望橙子也能从小养成爱读书的习惯，他这一生都可以受益匪浅；另一方面，我对橙子会养成读书的习惯有着乐观的信心。因为我爱看书，除了书橱，家里各个角落里也都是书，有这样的环境熏陶，橙子像我当年一样爱上阅读应该是顺理成章的事——但事实证明，这是一种盲目的乐观和信心。

橙子小的时候，我也会和他一起看一些图画书，大多是我读他听。后来，这个阅读环节就慢慢演变成睡前讲故事。橙子很爱听故事，每天睡前都要求讲故事。有时候，忙了一天，我很累，懒得给他读故事，就让他自己听 iPad 里的故事。慢慢地，就演变成听音频故事为主，我读书给他听为辅了。当时，我对培养橙子阅读习惯这件事并不着急，想着等他在学校多认些字，自然而然就会爱上读书的。

从一年级到三年级，橙子听的音频很多很杂，不仅有故事，还有科普类、历史类，可以说，他的知识面还算宽。

一年级时橙子就开始写诗，二年级的暑假去了趟蓬莱海边，写的小诗对仗讲究，让我挺吃惊。一时兴起，他还自己写故事，写得上天入地，不会写的字就用拼音，打算写满一本后让我给他出版。周围的亲戚朋友看到了也是纷纷称赞，都说橙子语文功底好，受了我的熏陶。

可是，在这一片称赞声中，我却意识到问题在渐渐凸显：橙子已经上三年级了，阅读的基本词汇量已经没问题了，可是，他还是不爱看书啊！在家里，即使是闲得挠墙，他也不会主动看书。让他自己找本书看，他只找图多的书，只看图，不怎么读文字。学校要求每天阅读十五分钟，他都像完成任务一样，看两眼书，看一眼表，时间一到，立刻放下书。

我有些发愁：如果不能养成阅读的习惯，没有书籍带来的持久的、强大的动力源泉，橙子现在的表现很容易昙花一现，不能持久。之前的盲目乐观和暗藏的偷懒心理终于开始显现出后果。再这么放任下去，年龄越大，越不容易养成阅读习惯。

这可不妙啊。我开始想办法补上这一课。

养成习惯先从兴趣开始。橙子的同学有的已经开始看《查理九世》和《三联生活周刊》了。我告诉自己不要着急，先从简单的补起。我买了很多浅显、简单的故事书。橙子读得吃力，看了两页就不看了。

故事书不行，那就看图画书。我又买了很多带图的小画书，每幅图只配两三行文字。这下没问题了吧？橙子还是翻了翻就放下了。

正当我心生焦虑之时，无意中看到了一篇讲亲子阅读的文章。文章里说，不管孩子多大，当孩子阅读还吃力时，都需要父母的陪伴。亲子阅读能帮助孩子养成阅读的习惯。一句话点醒了我。我之前以为，橙子都这么大了，识字量也足够多了，不再需要我陪着读了，只要给他时间给他书，剩下的就是熟能生巧的事了。原来在养成阅读习惯以前，父母和孩子一起阅读是非常必要的。

明白了这一点，我就开始实践。先找了一本《丁丁历险记》的小画书。这套书橙子小时候给他讲过几本，他很感兴趣，后来要求他自己看，他就只看图。只看图当然没什么意思，后来就被束之高阁了。

既然落下了很多功课，那就啥也别说了，从头开始补，从小画书开始补起！我和橙子说，咱们一人读一段好不好？是他喜欢的《丁丁历险记》，又是和妈妈一起读，橙子痛快地答应了。

一起读，我才发现问题。字基本上都认识，但是因为读得少，字认得不熟，更别提语感了，读起来磕磕绊绊，有时候几乎是一个字一个词地念。好不容易读完一段话，注意力光放在认字上了，这段话说的什么意思都没弄清楚。这时我才明白：难怪橙子不愿意读书呢，这样读哪有什么乐趣可言。

没有乐趣怎么办？那我就带着他一起找乐趣。

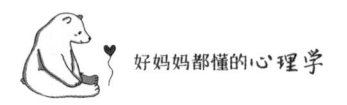

我读的时候,模仿不同人物的语气,有意识地读得惟妙惟肖。

橙子读得慢,我从来不催他,耐心地听他读。读错了,也不说他,只是给他指出来。他读完还不明白,我就解释给他听。遇到有趣的地方,我们一起哈哈大笑——话说这套书里让人哈哈大笑的地方太多了。

轮到他读稍微大段的段落,他一看那么多字,就有畏难情绪,哼唧着不想读,我就给他三次可以换着读的机会,激发他的主动性。记得第一次读,我们读了快两个小时,才读了12页,这可是小画书的12页!

不过,我很快看到了一起读书的效果。是的,很快。

首先,橙子开始对读书感兴趣了。第一次读完后,第二天一睁眼,橙子就起床拿《丁丁历险记》,还要和我一起读。主动要看书,这可是很少有的事情,我心下大喜。而且,就像我在开头写到的那样,这种主动要求读书的状态一直延续到现在,只要有点空,橙子就要求读丁丁。

接着,他开始从阅读中获得了成就感。在我们一起阅读了几天后,我们开车出门,橙子在车里看到一张报纸,上面有一段新闻,配了一张歼击机的照片。橙子居然主动读起了这段新闻,这真是前所未有的事情。我都有点惊喜了。

新闻讲的是美日韩三国的军事消息,读完橙子也就大概明白是怎么回事了。我赶紧强化他的成就感:"哇,你居然读下整段新闻了,好棒啊!你看,如果你不看文字,只看图,就只看到一架飞机,通过读文字,你就知道这三个国家的关系、他们要干什么了。比起只看图,阅读获得的信息量是不是大了很多?"

橙子若有所思地说:"难怪某某(橙子的同学)喜欢看军事文章,他说特别有意思。我问他有什么意思,他说以后我就明白了。"我没再说什么,已经不需要多说了,这件事本身就是一种潜移默化的引导。他开始感觉到,文字背后有一个广阔有趣的世界了。比起之前我拿着书逼着他看,他现在能阅读大段文字的成就感更能激发他的阅读兴趣。

现在，我们已经读完几本《丁丁历险记》了。不像从零开始的小小孩，橙子毕竟有词汇量做基础，除了前两次读得比较吃力，现在读得越来越顺畅了。遇到大段文字，也不再畏难，几乎不再使用三次换读的权利了。有时大人在忙，他就开始自己读两页。

我们现在还在读《丁丁历险记》，有时我陪他读，有时爸爸陪他读，有时我们三个人一起读。我想，等把这几十本都读完，橙子的阅读能力应该会有不小的提高。我们不着急，我们慢慢来。

在培养孩子阅读兴趣这件事上，我走过一些弯路，有过一些得失，现在虽然不能说已经成功，也积累了一些体会：

◇ 我犯了个很多家长都会犯的错误，想当然的经验主义：教育孩子凭感觉、凭本能，我小时候怎样怎样，孩子也会怎样怎样。自己的成长经验再好，也不能照搬到孩子身上。每个孩子都有自己独一无二的特性，适合孩子的，才是最好的。

◇ 我发现，"树大自然直"这句话用在孩子身上不太靠谱。我起初也这样想，后来发现，事情并没有朝着变好的方向发展，反而是，年龄越大，好习惯越不好培养，坏习惯越不好纠正。适时的引导和教育，虽然费心费力，但也是为人父母的责任。

◇ 最关键的一点，陪伴。孩子的成长离不开父母用心的陪伴。陪伴其实也是解决很多问题的根本方法。我能感觉到，最初，橙子与其说喜欢读书，不如说是喜欢和爸爸妈妈一起读书的感觉。

用心陪伴，是人在，心也在，不指责，不评判，全然的接纳。在陪伴中，孩子感觉到爱，感觉到力量和支持，这对他一开始的起步是非常重要的。父母在孩子成长中偷的懒，早晚会加倍还回来。

◇ 习惯的养成，如果没有兴趣和成就感，单靠毅力来坚持，实在是太难了。大人是这样，孩子更是如此。找到并培养孩子的兴趣，适时地强化他的成就感，这才是他坚持做一件事最大、最持久的动力。

◇ 耐心和细心。孩子的成长和变化不是一蹴而就的事，会有停滞，也会有反复，做父母的需要耐心等待，细心观察孩子每一点细小的进步，及时给予鼓励和肯定。相信每个孩子都有向善向好的动机，我们只需培土浇灌，静待它破土发芽，慢慢长大。

每天阅读半小时的奇迹

前几天一大早,我的一位好友畅畅妈妈发来微信:"畅畅今早告诉我,她以后决定考中文系。她说她太喜欢语文了。"

我心里暗暗"哇"了一声。要知道,四年前,畅畅刚入学时只会写自己的名字,拼音一点不会,是班上唯一一个零起步的孩子,现在读四年级,每次作文都是满分,一学期阅读60万字,如今又表达了对语文的强烈兴趣,这么巨大的进步让我很是好奇。

和畅畅妈妈一番探讨之后,我得到了很多启发。说起来,畅畅妈妈的办法也很简单:每天阅读半小时。但要做到这七个字,和孩子一起坚持下来,并不简单,考验的是家长的智慧和耐心。

下面是畅畅妈妈的口述整理,我们来看看畅畅妈妈都做了哪些事情。

在读书这件事上,我有这么大的决心和动力,是因为在十几年的工作中,我发现阅读速度、写作能力这些基本素质对工作影响太大了。作为一个高考作文6分(满分40分)的理科生,这些成了我工作中的瓶颈,也为此吃了不少亏。所以在阅读这件事上,我挺"虎妈"的,但其他事情上,我基本对畅畅没什么要求。

还有,我认为阅读是童子功,从小不练扎实了,长大后多付出多少努

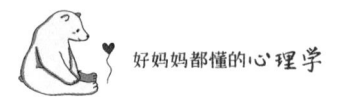

力都没用（错过了就是错过了）。我总跟畅畅说，这就像长个儿一样，18岁之后，你再怎么吃、再怎么运动也长不高了。读书也是一样，错过这段黄金期，基础阅读能力就不容易培养起来了。

畅畅上一年级时可以说是零起步，除了自己的名字和"小"字，什么字都不认识，也不会拼音。一年级时，学校发了一本书《小学课外阅读》，老师让每天读一篇。畅畅看着拼音，读得吭吭哧哧的。直到期中考试结束，一本书才读了几页。有一天晚上，我拿着这本书，把汉字部分盖住了，试着不看汉字只读拼音。结果是，完全读不下去啊！大人都如此，何况孩子了。我果断决定，这本书不读了。这样整个一年级，畅畅没有读过任何书。

一年级结束时，畅畅已经在课堂上学了一千多个汉字，我觉得这个时候可以开始阅读了。一年级暑假开始时，我找了最简单的《开明国语课本》，每课只有一句话。我对畅畅说："咱们开始读书吧，一天读一课就行。"

畅畅很惊讶："这也太简单了，这也算读书吗？"我说："是啊。"

畅畅很快读完了两册开明国语课本。接着，她用很短的时间把一年级的两册《小学课外阅读》也读完了。这让她非常有成就感。之后，畅畅开始读金谷粒桥梁书，内容很简单，里面的汉字都是一年级学过的，她都认识，从此开始喜欢上了阅读。

从一年级暑假开始，我每天拿出半小时陪孩子一起读书，风雨无阻，雷打不动。在这半小时里，一般是我读我的，她读她的。我会把我读的书介绍给她读，她也把她遇到的有趣内容介绍给我读。

简单的书，都是她自己读（比如黄蓓佳、曹文轩写的和她生活很近的内容）；有些她不容易理解的，我们就一起读（比如沈石溪的书、科技类的书）。都是默读，不朗读。畅畅很喜欢和我一起读，有时她说，你读自己的书也可以，只要坐在我身边就好。她太喜欢我的陪伴了。

有一次，我在陪她读书时，临时用手机处理公司的邮件（我们在她面前从不刷手机，只处理必要的事务）。她后来跟我说，这种感觉很不好："妈妈，陪伴，不是陪着就行的。"

畅畅的话一语中的。从此以后，如果我有紧急的事情，我会跟她说，你先自己读，我要处理什么什么事情。这样可以高质量地"陪伴"，而不是低质量地"陪着"。

几年来，我尝试了很多读书激励政策，下面是比较有效的几种：

1. 把书柜腾出一排空格

我和畅畅说，这里只放读完的书，看看能放满多少个格子。畅畅开始很激动，但小时候读书速度慢，很长时间才能放进去一本，她觉得特别没有成就感，过一段时间就没动力了。但这两年多坚持下来，她已经放满三个格子的书了。

2. 五角星奖励计划

畅畅二年级时跟我说："我读书没有动力，你要想办法激励我，要想一些小朋友喜欢的激励方式。"我问："你们喜欢什么？平板游戏？"她说："你还是没明白，就像学校里老师奖励的好习惯卡，攒够一定数量就可以换自己想要的东西。"后来我们协商，可以换对身心有益的东西。当时是每天读一页书，奖励一颗星星，攒够多少颗星星，可以实现一个愿望。比如，其中有一个愿望是"小盾牌"，可以用来阻止妈妈发火一次。畅畅最喜欢用星星换的愿望是：晚上和妈妈睡一间屋。

3. 读书小勋章

本来我想给她刻两个图章，一个是"畅畅藏书"，一个是"畅畅阅读"，印在她的书上。但她似乎不是特别感兴趣。有一次我想起来，她说特别喜欢我亲手做的这些奖励的东西。一天晚上家人都睡着了，我就做了一些读书小勋章贴在读完的书中，每本都贴了一个。第二天给她看，她兴奋坏了。

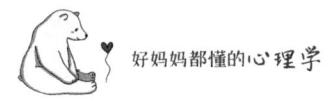

4. 阅读量计算

从三年级开始，我们把读过的书都做了字数统计，这样能看到每学期、每年读了多少万字的书。每学期的目标就是阅读量比上学期多。实际情况是，几乎每学期的阅读量都是翻倍的，可能跟年龄的增长有关系。

我查了国家要求的阅读量，小学阶段是 145 万字算达标，但美国对小学生的阅读量要求换为中文是 900 万字。小财迷畅畅一心想着长大后赚美元，所以她也在冲着 900 万字的阅读量努力。

5. 阅读魔法

畅畅的语文老师教了他们一个魔法，就是在读书前，闭上眼睛待一会儿，让大脑安静下来，这样再开始读书，阅读速度非常快。畅畅对此深信不疑，而且每次都能感受到"飞快的阅读速度"。

这些小策略都有个有效期，畅畅都是一开始兴致勃勃，过一段时间就觉得没意思了。我只能见招拆招，基本上，每隔两三个月我就换一种新玩法，不断让孩子有新鲜感，最终的目的就是让她保持阅读的兴趣，坚持下去。

其实畅畅读书和他们学校的教学理念、老师的引导都有重要的关系。他们学校非常重视读书，每年寒暑假都推荐一个书单。老师在午休时也会和他们聊天，聊最近读什么书。畅畅说，如果不读书，就听不懂大家的聊天，插不上话。畅畅自己改编了一句话："一天不读书，自己知道；一周不读书，老师知道；一学期不读书，全班都知道了。"

我没有给畅畅报什么课外班，所以业余时间就空出很多，我们就都用在阅读上了。遇到困难时，比如不爱读的书，我会让她开个头，然后先放下，可以读两天绘本放松一下，但每天阅读不能间断。

畅畅最大的成就感，就是阅读量的统计。上学期读了 56 万字，她自己都很吃惊。这学期三个半月就读了 60 万字了，她说她自己都不敢相信。我们俩还会比赛阅读速度，她现在的阅读速度是我的一半，她说她要在五年级时赶上我，六年级时超过我。

还有一个坚持下来的原因，畅畅从上三年级开始写作文，这两年的作文几乎都是满分，她自己也特别有成就感。老师给的评语是："因为有大量的阅读基础，畅畅现在妙笔生花。"我看到这个评语时都快哭了。

家长会时，老师说："畅畅是班里唯一一个零起步的孩子，但现在感觉在学习上一直在爬坡，尤其是后面的大量阅读，写出来的文章通顺、有内容。"老师的评价给了我和畅畅很大的动力。我也发现，只是苦哈哈地坚持，没有多少人能坚持下来，何况孩子，只有不断从中得到乐趣，收获成就感，才能生成内在的动力，这样的动力才是持久的、强大的。

一开始，大部分书是学校推荐的，畅畅喜欢读，就把同作者同系列的书找来看。还有一部分是她在学校图书馆借的，这些是她发自内心喜欢的，比如《淘气的大人们》之类的书，简单又搞笑。还有一小部分，是我推荐的，但她似乎不太感兴趣，比如《卓娅和舒拉的故事》，我小时候最爱看，她就不感兴趣。

随着畅畅阅读的书越来越多，她慢慢开始拓展自己的阅读口味，搭建自己的阅读地图。比如她自己提出要读《飞鸟集》。因为她看到《我要做个好孩子》里的主人公在读这本书，她也想看看里面说的是什么。

小孩子喜欢读和他们生活息息相关的内容，读起来轻松有趣。那些科技类的、动物类的，畅畅不是很喜欢。我说，这就像吃饭一样，要什么都吃，才能身体健康。这样，我们一起定下的规则就是，读两本喜欢的，读一本不太喜欢的。很明显，喜欢的书，读起来很快很开心；不喜欢的书，读起来就很慢，吭吭哧哧的。对于选书，她也总结了经验：不能光看书名和标题，有时候看标题不一定喜欢，但读起来才发现，内容实在是太有趣了。

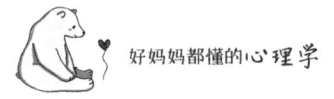

我们现在的经验就是，什么事都要尝试后才下结论，读书也是，读过后才知道这本书到底是不是有趣。只有各类书都读一读，才知道哪些是自己喜欢的，哪些是自己不喜欢的，这样就可以有自己的判断，不会人云亦云了。

亲子旅行，不仅仅是一场旅行

橙子两岁左右时，我们第一次带他去郊外爬山。

一开始橙子不太愿意去："爬山有什么意思，我都爬过好多次了。"

我很好奇："你爬过哪里的山？"

"就是公园里的那座山（一座人造小土山）。"

我不禁莞尔："一会儿让你看看真正的山。"

那是橙子第一次看到真正的高山，也由这次短途旅行开始，我们像很多父母一样，开始带橙子走出家门，去看世界。

我们只是普通的三口之家，时间财力也有限，只是想在能力范围之内带孩子多走走多看看。这几年走下来，倒也积累了一些心得。

首先，不走寻常路。

出去玩，我们不太喜欢随大流走常规的景点路线，经常是由橙子爸爸带着，随便选一条从主路岔开的小路，另辟蹊径，随走随玩，往往能有意外的收获。

记得在奥地利小镇哈尔施塔特，依山傍湖的主路上我们随着熙熙攘攘的游客走了一段，找了个岔道，七拐八拐就上了山坡。山上是另一番景象。浓密的树荫中散落着各有特色的小木屋，都是当地人居住，非常安静。因为很少人经过，山间的小路被青草覆盖，依稀可见，走在其中，就像走进了一个童话世界。

一路上，我们发现了一种长得像狗屎一样的虫子，遇到了矗立在路边质朴的木雕，堆放得像艺术品一样的柴堆，坐在高高的支架上远眺湖光山色。这么一路走一路玩，自在开心，好像整座山林都属于我们。

这样的风景，其实离热闹的主路垂直距离只有几十米。

另辟蹊径的次数多了，我发现，再热闹的旅游景点，其实只要稍稍岔开一点，人就会少很多很多，能看到当地原汁原味的自然风光、风土人情——国内国外都是如此。因为绝大多数游客，都会挤在已经商业化的景点里，看同一个角度的风景，扎堆买旅游纪念品，排队照相到此一游。对他们来说，这就是旅行。

既然带孩子出来探索世界，不妨尝试着走走不一样的路吧，小小的探险，会让旅行增加更多趣味。

其次，坚持传统项目——橙子世界跳。

因为喜欢摄影，每次出去玩，我都会抓拍些有意思的瞬间。

有一次，我们去山上玩，橙子爸爸假装要把橙子扔下山，把他抛到半空再接住。天才的摄影师（就是我）敏锐地捕捉到了这个画面，留下了橙子飞到半空、嘎嘎大笑的瞬间。

慢慢地，这个游戏就变成了一个小小的传统。每次出去玩，我都要给父子俩拍一张举高高的照片。在不知名的小山顶上，在皮皮岛的落日余晖中，在天大地大的青海湖畔，在欧洲的古堡上，都留下了橙子腾空的身影。

这两年，橙子长大，爸爸有点抛不动了，就变成了橙子自己腾挪跳跃。小小少年从童话般的小火车上跳下，在千年古寺前腾挪跳跃，在紫禁城的红墙下飞檐走壁。

我想着，这些照片积累下来，就成了一个小系列：橙子世界跳。等他长大了，再翻看这些照片，从两岁多的小娃娃被抛到半空开心地笑，到自己帅帅地跳，我们一起走过了这么多地方，也是一件很有意思的事呢。

第三，假装自己是当地人，全方位地去体验。

我一直觉得，旅行的意义，不仅是看不一样的风景，还可以看到不同的人，体验不同的生活。

几年前，我们去青海自驾游。橙子爸爸开着车，也不着急赶路，看到美丽的风景、有趣的人和事，就随时停车去玩。

路过青稞田，我们就帮着收割。

遇到牧羊人，就和他拉拉家常，认真考虑一下买只羊带回去的可能性。

遇见挖土豆的农人，我们就把车停在路边，帮他们一起收土豆，一起吃午饭。

当你手握镰刀，弯下腰，感受青稞杆在镰刀下的断裂，你才体会到什么是"粒粒皆辛苦"。

当你蹲在被机器翻得松软的土地上，从泥土中捡出一个个紫皮土豆，那种发现的乐趣和收获的喜悦，会让快乐变得很简单。

这种眼耳鼻舌身意全方位的感知，比起游客式的审美，所得到的感受要厚重、丰富很多。旅行，不就是为了得到与日常生活不一样的体验吗？

"体验"，就是要让自己身处其中，去看，去听，去尝，去触摸，去感受，让自己所有的感官都保持开放的状态，去接收外界的信息，给予大脑充分的、丰富的刺激。眼界和胸怀，就是这样慢慢打开的。

最后，听讲解，听故事。

橙子小的时候，我们更多的是看山山水水，亲近自然。这两年大一些了，就增加了人文的比重，在各种古迹和博物馆中去探寻各种各样的文化。如果条件允许，我们看人文景点，必听讲解，要么请导游讲解，要么租讲

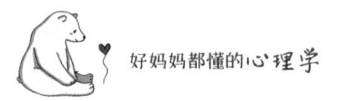

解机自己随走随听随看。事实证明,听不听讲解,效果大不相同。如果没有讲解,参观很容易变成走马观花,浮光掠影。

你不会注意到萨尔茨堡里有一任大主教的徽章居然是一个白萝卜;

你只知道眼前的应县木塔经历了一千多年的风雨,却不知道它的设计有多么精妙,科技发达的今天都无法复制出来;

你也理解不了八大山人笔下的鱼为何翻着白眼,云冈石窟里的微笑萌菩萨究竟藏在哪里……

我发现,看这些人文景观,如果没有讲解,橙子很快就会感到无聊,催着说走吧走吧。因为在他眼中,这就是一个普通杯子,各地的木塔千篇一律,那些水墨画更是无聊……如果有讲解,橙子就会耐心很多,还会一边听一边和我们讨论,时不时有脑洞大开的问题蹦出来。

讲解,其实就是故事。有了故事,那些建筑、文物就活了过来,就能看到它们背后个性不同的人。我们也借此和几百年、几千年前的那些人、那些事有了联结。

看到,听到,感受到,这些都是对心灵的滋养,不仅拓展了原有的知识结构,潜移默化中也会让一个人的底蕴更深厚,更宽广。

说了这么多,总归回到一个问题:舟车劳顿,花钱花时间,为什么还要带孩子去旅行?

我以为,带孩子去旅行,看大山大河,见识不同的风物人情,是为了身体和心灵全方位的体验,是一种心灵的滋养,是一家人共同创造美好的时光和回忆。

品格篇

影响孩子一生的自控力从哪里来？

内心有充足的安全感，孩子才敢放心去探索这个世界。
因为他知道，只要他想回来，随时都能回来。

影响孩子一生的自控力从哪里来？

暑假的时候，我们计划一家三口自驾游。听到这个消息，橙子顿时心花怒放——终于可以玩 iPad 了！因为我家的规定是：平时不能玩 iPad，但旅游的时候可以玩。

憋了一个学期，橙子有点刹不住车，晚上一到酒店，就抱着 iPad 不撒手。早上一睁眼，顾不上洗漱，又开始投入战斗。那几天，每天早上都要一遍一遍地催：去洗脸刷牙！赶紧换衣服！再不走我们走啦！橙子一边玩，一边顺口应着："等一会儿。"

这"一会儿"的时间上不封顶，直到大人开始有些恼火，他才恋恋不舍地放下 iPad。有一天早晨，催了 N 遍之后，我终于忍无可忍爆发了。橙子爸爸也"火上浇油"，要把 iPad 收起来，后面几天不准他再玩了。橙子一听就急得哭起来："不行，你们说话不算数！"

这个早上，大人阴沉着脸，孩子哭哭啼啼，一家三口开车上了路。车里的气压很低，没人说话。我想了想，这事还是要处理一下。

我问橙子："你听说过棉花糖实验吗？"

"棉花糖实验？没听说过。"橙子还在抹着眼泪，好奇心却被钓起来了。

接下来，我给他讲了著名的棉花糖实验。

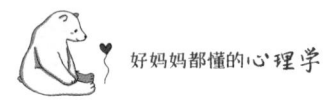

　　心理学家做了这样一个实验,让幼儿园的小朋友单独待在房间里。这个房间除了桌子和凳子,什么也没有,只在桌子上放了一块棉花糖。心理学家告诉孩子:我要出去一会儿,如果在这期间,你能忍住不吃这块棉花糖,等我回来,你就会得到两块棉花糖。如果你忍不住吃了这块,就不能得到另一块了。

　　我问橙子:"如果是你,你会怎么选择?"

　　橙子说:"我选择等一会儿,得到两个棉花糖。不过,我不爱吃棉花糖,如果是巧克力就好了。"

　　我继续问:"那就假装是巧克力。这个屋子里什么都没有,等待的时候,你会怎么做呢?"

　　橙子想了想:"我可以趴着睡一会儿觉,可以练练拳脚,或者编我的小说。"

　　"不错,看来你的办法还不少。这个实验里,小朋友们也想出了不少办法,有的自言自语讲故事,有的玩手指,有的假装睡觉,五花八门,都是想办法让等待的时间不那么无聊。"

　　心理学家通过这个实验发现:那些能等到大人回来、得到两块棉花糖的小朋友,长大以后学习成绩更好,工作更出色,生活也更幸福,而且他们的身材也保持得更好。相比之下,那些等不到大人回来、忍不住吃了这块棉花糖的小朋友,他们长大以后学习和工作就很一般,而且他们管不住自己的嘴,容易吃很多垃圾食品,又懒得运动,身材就变得肥胖。

　　这两种小朋友,为什么长大后会有这么大的差别呢?就是因为他们的自控能力有的强,有的弱。有的小朋友愿意多等待一会儿,得到更多奖励,有的小朋友控制不住自己,只想着眼前这一点好东西。

　　我问橙子:"你希望能为哪种人呢?"

　　橙子不假思索:"当然是自控力强的人啦!"

　　我继续问:"你知道自控力是从哪里来的吗?"我拍拍橙子的脑门:"这个地方,决定着你的自控力强还是弱。"

我们人类的大脑是由两部分组成的，最里面的叫"原始脑"，它负责人最原始的两种反应：喜欢的就想要，害怕的就想逃。比如，见到好吃的，就想一个劲儿地吃，见到好玩的游戏，就没日没夜地玩，看见老虎，就吓得撒丫子跑。

后来，人类逐渐有了语言，行为也越来越复杂，原始脑不够用了，就慢慢进化出了"理智脑"。这个理智脑包在原始脑的外面，它负责用理智控制人的行为。比如：冰淇淋很好吃，原始脑就想一支接一支地吃，但是理智脑说：不行，冰淇淋太凉了，吃太多对肠胃不好。

原始脑想一天到晚玩游戏，理智脑说：这样可不行，会把眼睛看坏的。

在动物园看到老虎，原始脑很害怕，提醒你赶紧逃命，理智脑却说：没关系，老虎在笼子里呢，咬不到你，不用跑。

人之所以从猿进化成人，离不开理智脑的巨大作用，它能帮助我们使用语言，用理性分析问题，控制住原始的冲动，让我们能有计划、有目的地去做事。这也是人和一般动物不同的地方。

所以，原始脑只看到了眼前的好处，看不到长期的后果。而理智脑可以为了长期的好处，放弃眼前的一点点好处。这就是自控力。

所以，妈妈告诉你长时间玩游戏对眼睛不好，你却总是不听，抱着iPad不放手，你觉得自己是在用哪个脑想事情？

橙子就嘿嘿乐。

明白了自控力来自哪里，那么，问题又来了：怎样才能培养自己的自控力呢？

还是和大脑有关系。大脑里有100多亿个神经细胞，神经细胞们连在一起，就形成了神经通路。你的每一个想法、每一个决定，都会形成一条神经通路。一开始，这个通路很细弱。我指了指远处长满草木的山坡：就像在这样的山坡上走出一条小路。第一次走，走得很费劲，几乎看不到走

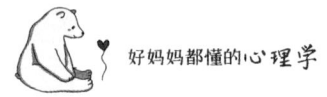

过的痕迹。多走几次，就成了羊肠小道。天天走，这条路就越来越宽，也就越来越好走了。

比如，你正玩游戏，妈妈让你洗脸刷牙，你不想去，说："等一会儿。"这就是神经细胞连接成了一个通路。每次都是"等一会儿"，这条神经通路走得次数多了，就成了一条大路，路好走了，就形成了自动化反应。下一次，妈妈再催你做什么事，你想都不想，下意识地张口就来："等一会儿。"

所以，要想培养自控力，就要有意识地应用理智脑，不去走"等一会儿"那条路，咱们换条路走，走"马上行动"这条路。新的路走得次数多了，你的理智脑就越来越有力量，自控力也就越来越强了。

原来的那条路，因为走得次数少了，时间一长，就越来越细弱，就像这山上的路，没人走了，慢慢地，野草就把路覆盖掉了。这也是改掉坏习惯，培养好习惯的一个好办法。

那天上午，我讲了很多，橙子一边听，一边和我讨论，橙子爸爸也不时做补充，三个人一路走一路聊，气氛不知不觉变得轻松活跃起来。最后，我说："iPad不会没收，接下来的几天，由你来把握什么时候玩，玩多长时间。不过，做决定的时候，要想着问自己两个问题：这是原始脑的声音，还是理智脑的声音？自己是在走'等一会儿'的神经通路，还是'马上行动'的神经通路？"

橙子很爽快地答应了。后面几天，橙子在玩游戏这件事上改善了很多，知道控制自己了，会告诉我："妈妈，今晚我就玩半个小时，到时间我要忘了，你提醒我一声好吗？"虽然有时还会说"等一会儿"，不过催促的次数已经大大减少了。

也许你有些失望：给孩子讲了这么多，变化也不是很大啊。最好能让孩子改头换面、重新做人，才算见效。但，教育不就是这样吗？润物细无声。抓住合适的契机，播下种子，给他阳光，给他雨露，给他扎根发芽的时间。一颗种子不可能立刻长成参天大树。道理和知识，讲给孩子听，他只是懂了。在一件又一件的事情中，他才会有所体会，有所领悟，才会内化成自己的信念。

这次 iPad 事件过去一个多月后，再遇到什么问题，比如，要不要去吃甜点，什么时候写作业，我会问橙子："这是你的原始脑做的决定，还是理智脑做的决定？"在这一次次的小练习中，让他对自己的选择和行为有更多的觉察。这是培养自控力的前提。

橙子第一次上奥数课，下了课，我问他："老师讲的能听懂吗？"

"嗯，大概明白了。"

"不错，这就像在草丛里新走出一条小路，开始有点难走，咱们回去还要多做练习，把这条小路多走几遍，神经通路就形成了，知识就在你的头脑里巩固了。"

前几天，吃饭的时候，橙子和我说："妈妈，我挺有自控力的。"

"为什么呢？"

"今天上课的时候，班上很多同学都在偷偷看课外书，我就没看，我觉得这样做不好。"

我欣慰地看到，自控力的种子在他的心里扎下了根。

让孩子了解一些心理学知识，了解一些大脑的运作原理，知道自己的一言一行、做出的每个决定，背后都有着心理和生理依据，能帮助他唤醒对自己的认知，提升自控力。有了这样的元认知，可以让孩子的行为由被动变成主动，由自发变成自觉。

不是被大人管，不是被规则管，不是被动地听从安排，而是对自己的身体、想法、行为有了主动掌控的意识，就会从心底生出力量感，这种感觉是非常难得的。

不仅孩子是这样，大人也是如此。当你意识到自己的每个选择的来源和依据是什么,就从本能和冲动的驱使中挣脱出来一些。在面临自己的"棉花糖时刻"时,少一分情绪的冲动,多一分理智的判断,知道自己在做什么,以及为什么会这样做。从无明变得清醒,对自己的头脑生出一份察觉,这就是改变自己、提升自控力的第一步。

被逼迫的勇敢会毁掉孩子的一生

一位妈妈给我留言,她的女儿三岁多,一直很乖,但让妈妈想不明白的是,孩子好几次手或脚破了,都会捂住不让妈妈看。有时候破了好几天,都不让她看。这位妈妈很奇怪,身边同龄的孩子如果受了伤,第一时间会向妈妈撒娇,为什么自己的孩子不会这样做呢?

深入聊下去,我找到了答案。

这位妈妈平时虽然以鼓励为主,很少批评孩子,但也比较严厉。从孩子会走路开始,就想办法让她自己走。孩子喊累让妈妈抱,也不会轻易去抱。孩子骑车或玩滑板车,遇到台阶都是让她自己扛着。这位妈妈说,她这样做,是为了训练孩子的独立性。

这位妈妈的意图是好的。只是,她只看到了"事",没有看到"人"。她只看到了孩子表面上的独立,没有看到孩子内心的情感需求。刚学会走路的孩子,还没有足够的力量和耐心支撑她走太远,让妈妈抱是再正常不过的。当她张开双臂,妈妈却拒绝了她。三岁的孩子,自己扛滑板车上台阶,其实挺费力的,但妈妈是不会帮她的,只能自己咬牙坚持。

在无数个需要妈妈支持的时刻,妈妈都只是站在一边。

妈妈也许也很委屈:我虽然站在一边,但一直在鼓励她啊。可是,孩子此时需要的不是空洞地喊加油,而是妈妈的双手和怀抱,需要确确实实

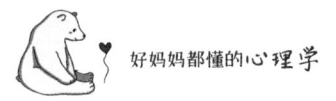

的帮助。

当孩子的需求一次又一次落空,她就明白了,遇到什么事,告诉妈妈也没用,妈妈不会帮忙,还不如自己忍着。这样的忍,是一种压抑,把正常的情感需求压抑下去,表现出来的,就是一个独立、乖,却不会撒娇的小姑娘。即使受了伤,也只是自己疼惜自己。

撒娇,说明内心是柔软的,知道有人心疼自己,相信这个世界是爱自己的,所以才会袒露出自己的"弱",而不担心被拒绝、被无视、被打击。

谁不喜欢撒娇呢?无论大人孩子,男人女人。不会撒娇,是因为没有可以撒娇的对象。不坚强起来,软弱给谁看?时间长了,孩子就学会了"坚强"。

我曾经看过一个视频,几个大人在湖边游泳,爸爸让两三岁的孩子骑到他的肩头,一步一步走到湖中,看上去是很普通的父子玩乐的画面。可是,下一秒,爸爸猝不及防把孩子抛到了水里。

小男孩吓得哇哇大哭,水中的几个大人却都笑嘻嘻地看着。孩子意识到没有人会帮他,就一边哭,一边拼了命划水。好不容易挣扎着上了岸,孩子仍然哭得声嘶力竭,哭声里充满了委屈和愤怒。他哭着去找妈妈,妈妈也是笑嘻嘻的,安慰了他两句,神情举止中有点"有什么大不了的,值得哭成这样吗"的意味。

视频中,一直能听见几个大人开心的笑声。

很显然,爸爸是在用这种方式教儿子游泳,而且应该不是第一次了。看起来,效果还不错。小小的孩子几乎是无师自通,靠求生的本能迅速"学会"了游泳。

可是,这样的游泳会在孩子心里留下多大的阴影啊!那么小,他就意识到:在遇到危险的时候,爸爸靠不住,妈妈靠不住。没有人能帮他,只能靠自己。这个世界的残酷,他在两三岁的时候就体会到了。是的,孩子迅速学会了游泳，也许，慢慢地他还会表现得很坚强。但是，谁能知道这样的坚强是多么残酷，又是多么脆弱。

这样的坚强背后，是对这个世界深深的恐惧和不安全感。

父母，对小孩子来说，就是他的整个世界。在成长过程中，他会把和父母的关系内化为他和这个世界的关系。父母爱他，意味着这个世界是爱他的。父母对他严厉，意味着这个世界对他是严厉的。父母逼着他独立，在他需要帮助的时候袖手旁观，意味着这个世界对他来说是靠不住的，关键时刻，只能靠自己。

一次次经历这样的绝望体验，他的内心就会包裹上一层坚硬的壳，他会变得冷漠——希望越大，失望越大。只有对父母、对这个世界不抱希望，才不会失望。

这个世界，对他来说是冷色调的，是靠不住的。

内心没有安全感的孩子，怎么会有真正的坚强和独立？

关于勇敢，朋友讲过她和女儿的故事。女儿性格比较腼腆，从三四岁开始，她就有意识地让女儿多和人打交道，比如在街上问个路啊，在饭馆向服务员要个东西啊。可是，每一次，女儿都不肯自己去，会拉着她的衣角："妈妈跟我去。"或者说："你去说，我不说。"朋友每一次都答应了："好的，我去说。你看着我怎么说，下一次，你来说，好吗？"女儿点头。下一次，依然如此。

这样过了好几年，十岁之前，女儿几乎没有独立和陌生人打过交道。

没想到，从十岁之后的某一天开始，女儿像变了一个人，母女俩出门，问路、买票之类的事，女儿都包揽下来了，口头语变成了："让我来。"朋友有时不放心，想跟着，女儿会说："我可以的，你不用过来，站在那儿就好。"

朋友说，起初她也有点着急，这孩子这么腼腆，长大了可怎么办。幸

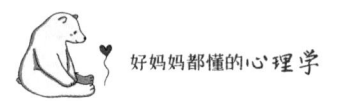

好,她是个很爱学习的人,看了不少教育类的书,后来就想明白了:孩子的成长需要时间,那就慢慢来吧。所以,她从来没强迫女儿去和陌生人打交道,更没有为此训斥过她。她相信,躲在身后的女儿正在慢慢学习,慢慢积蓄内心的力量。然后,十岁后的那一天,女儿给她带来了惊喜。

真正的勇敢,从来不是逼出来的,是包容和爱的滋养下,内心自然而然生长出来的力量。内心有充足的安全感,孩子才敢放心去探索这个世界。因为他知道,只要他想回来,随时都能回来,父母就在他身后,是他温暖的港湾和坚强的支持。

曾经和一个年轻的朋友聊天,他从大学开始创业,中间遭遇了无数激流险滩,终于闯出了一片天地,如今身价几十亿。在他的言谈举止中,能感受到一种沉稳的自信。他说,他会觉得遇到问题和挫折是正常的,兵来将挡水来土掩,解决问题就是了。

我很好奇他的自信从哪里来。他想了想,说:可能是从小父母对他特别包容,他想做什么都会让他放手去尝试,不会强迫他做什么。高考前,爸爸打开一瓶酒,第一次和他一起喝酒,说:"儿子,高考没有什么大不了的,现在一般都能上大学。就算考不上,也没事,有老爸在呢。"他说,有爸爸的这句话垫底,他心里特别踏实,觉得没有什么好怕的。

大学毕业后,家里人希望他考公务员,他却一天班都没上过,直接创业当老板。爸爸没多说,拿出家里的积蓄给他当启动资金。几次风浪,都是爸爸在身后支持着他撑过来。

创业十年后,他已小有身家。有一天,爸爸对他说:"儿子,你的事业越做越大了,爸爸能力有限,以后可能帮不到你什么了。以后,你就要靠自己了。"那一天,他突然发现爸爸老了。也是从那一天起,他感觉自己真正从男孩变成了男人,感受到了责任的重量,要靠他的肩膀为家人撑起一片天地。

听他讲完，我明白了，他的自信、沉稳正是来自父亲对他一直以来的支持。父爱如山，精神上有了依靠，才会变得无所畏惧。即使父亲已不能给到他实际的支持，但他已经将这份爱内化为内心的力量，足够他坚定地走下去。

真正的勇敢，从来不是逼出来的。逼出来的，只是伪装的坚强，因为压抑了太多恐惧和失望，往往导致两种结果：要么意志大过恐惧，看起来坚强独立，实则精神紧绷，容易失控、崩溃，或者自暴自弃；要么恐惧大过了意志，把自己封闭起来，变得懦弱退缩。

不管是哪种结果，他们在内心都会无休止地进行自我攻击：都是我不好，不够勇敢，我不值得被爱。这是小时候父母对他们说的话，早就内化到内心深处，变成了时时刻刻的自责。

所以，如果你爱孩子，希望他勇敢、坚强、自信、独立，那就给他足够的爱和安全感。然后，付出足够的时间和耐心，等他像植物一样慢慢生长，开花结果。

"乖孩子"们长大后怎样了？

女孩 A，工作快五年了，这两年越来越迷茫：现在的工作说不上喜欢，可是又不知道自己喜欢干什么，也想过职业规划这件事，但想来想去还是一头雾水。

我启发她：想想你的核心竞争力在哪里？你有什么优点或者优势吗？

女孩想了一会儿：我没有什么擅长的，好像也没有什么核心竞争力。

我继续启发：除了上班，你最感兴趣的事情是什么？换句话说，你做什么事情会进入那种兴致勃勃、全然忘我的状态？

女孩努力想了又想：没有，我没有什么特别感兴趣的。从小就是读书，考试，上学，等到研究生毕业，父母托关系找了这个工作，就来上班了。我也不知道自己喜欢什么，不知道自己想干什么，能干什么，所以才迷茫呢。

女孩 28 岁，再过几年，随着年龄的增加，就不只是迷茫了，焦虑也会越来越多，或者相反，随着嫁人生子，也就渐渐麻木地安于现状了。

女孩 B，30 出头，正在一段感情里挣扎纠结。已经越来越感到这段关系不合适她，两个人的三观差得太远，分手的想法越来越强烈。但是一提想分手，家里人就纷纷劝她：论车房工作长相，男孩条件都还不错，再说你都这个年纪了，还想找什么样的？跟谁不是过日子，有什么问题，慢慢磨合磨合就好了。女孩纠结得整晚整晚失眠，怀疑自己的想法是不是太幼稚，不知道是按自己的想法来还是听家里人的。

女孩 C，4 岁时，父母就对她说：你将来是要上清华北大的。女孩果然不负众望，从小成绩优秀，表现突出，一直是那种"别人家的孩子"。然而，考上大学后不久，她就被诊断为双相情感障碍。

一位在高校从事心理咨询的老师说，这样的案例很多。如今，越来越多的大学生感到迷茫、空虚，生活和学习没有意义，不知道自己是谁。他们从小活在父母的意志里，背负了家人太多的期待，一直被功课压着，一旦到了比较宽松的环境，很多问题就爆发出来了。

上面提到的几个女孩，在家里人眼中，从小都是"乖孩子"，听话，懂事，让父母省心，是亲友羡慕的"别人家的孩子"，是老师表扬的好学生，就这么"乖乖"地一路长大。长大了，才发现，"自己"哪儿去了？找不到自己了。

什么叫"乖"？乖，就是听话。听谁的话？在家听父母的话，在学校听老师的话，长大了，听社会主流声音的话。说白了，就是按照大人或权威的意愿来做事。与乖相对的，就是不听话，主意大，淘气，瞎折腾，总给大人惹事。

很多当父母的，都希望自己的孩子乖。留意一下，你会发现，很多孩子在家里的昵称就是"乖乖"，大人夸奖孩子也是说：真乖！

看起来没什么不好。有什么不对吗？

每一个生命的最初，都是活泼泼的，有着旺盛的、无拘无束的能量，每一个人都与众不同，都是一个独特的存在。活出自己，是生命力的本能。

同时，每个人之间都有一定的界限，再亲密的人也不例外。而很多家长，有意无意地，会打着为孩子好的旗号，越过界限，试图控制孩子。乖孩子，就是父母越界的结果。让孩子乖、听话，就是让孩子遵从自己的意愿做事，把自己的意志加到孩子身上，不管使用的是什么方式，是强迫的、

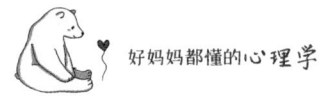

温柔的，还是潜移默化的，归根结底，这都是一种干涉和控制。

时间久了，不管是父母还是孩子，都习惯了控制与被控制。慢慢地，孩子会把父母的意愿内化到心中，当作了自己的意愿，无论做什么事，他的内心都会有父母的声音在评判，在发表意见。这时，不用父母再多说什么，孩子自己就会按照父母所想的去做。

乖孩子就这样诞生了。

乖孩子长大后会怎样呢？

女作家池莉写过她女儿小时候的一件趣事。女儿两岁多时，第一次帮妈妈拿鸡蛋。妈妈说，鸡蛋壳薄，要轻轻地拿。结果拿得太轻，没拿住，掉到了地上。女儿一脸迷惑，第二次拿就用上了劲儿，结果又把鸡蛋捏碎了。再下一次，女儿就掌握好合适的力度了，成功地帮妈妈拿来了鸡蛋，为此她很是得意。

其实每个人都是这样，通过不断地做事、和人打交道，与外界发生反复地碰撞，通过外界的反应和回馈，逐渐明确了自己的边界，对自我的认识更加清晰，意识到自己的优势和不足，内心也会在这个过程中逐渐成长，变得强大。

成长，离不开不断地做出选择，不断地试错。这是人生的重要一课，从小婴儿开始，贯穿人的一生。乖孩子在这方面落下了功课，也就容易出现下面的一些问题。

首先，最重要的，他们找不到自己了。因为他们早就把父母的意愿内化进自己的头脑，自己真正的想法早已被压抑到内心的最深层了，发出的声音太微弱，以至于很难听到。结果是，自己为之努力得到的，不是自己想要的，而是父母想要的。那自己想要什么呢？不知道。就像女孩A，看起来有了高学历，有了稳定光鲜的工作，却越来越迷茫，因为她不知道自己真正想要的是什么。

其次，乖孩子会更容易感到自卑。自卑是因为对自己认识不足导致自我评价过低。而对自己的充分认识正是通过不断尝试、不断选择才能获得。

乖孩子们不敢尝试，他们怕出错。怕做错了会受到父母的批评，担心父母因此不喜欢自己了，而他们又是多么在意父母对自己的看法，所以只敢待在一个确保不出错的安全范围里——不逾矩，就不会出错。

然而，不尝试，就找不到自己，不知道自己能做什么——能力发展不起来——对自己的信心不足——更加不敢尝试，形成了恶性循环。

乖孩子的内心往往很脆弱，抗挫折能力差。适度的挫折和批评就像风雨，可以让孩子的根基扎得更稳。而乖孩子就像温室里的花朵，看起来鲜艳饱满，实则经不起风雨。

乖孩子听惯了表扬和赞美，稍微受到点挫折和批评就像天塌下来一样。成人世界里，这样的人不难见到，平时看起来聪明伶俐、自信大方的一个人，一遇到事就乱了阵脚，慌了神，归根结底还是不敢尝试，经历的风雨少，历练不够。

做事优柔寡断，没有主见，总是在纠结，也是很多乖孩子的共同之处。乖孩子们做事往往犹豫不决，不敢做选择，总是处在纠结中。因为他们心里没有自己的标准，按照父母或者社会主流的意见来吧，又不太甘心。又总是担心做错了选择——他们太害怕犯错了。

上面提到的女孩 B 就是这样。明明在这段感情里已经很痛苦了，还是不能确定自己的感受，或者说，不尊重自己的感觉，而是被家人的意见、社会俗见所左右。

还有，自我不够强大，容易发展成讨好型人格。

只有表现得乖，符合大人的意愿，才会得到夸奖。慢慢地，乖孩子们做事的目的就变成了得到别人的认可和夸奖，先想着别人会不会满意，而压抑自己的真实需求、真实想法。这样的人只有在他人的认可中才能获得存在感，感受到自己的价值，所以会过于在乎别人的眼光和评价。

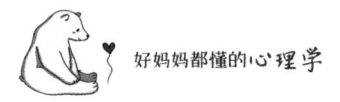

我喜欢观察孩子。一群孩子在一起，你会发现所谓的淘气孩子和乖孩子的状态是不太一样的。前者的神情是飞扬的、流动的，身体语言是放松自在、无拘无束的，后者的神情往往是内敛的、拘谨的，身体语言是偏静的、向内收的。

这个不难理解。乖孩子们已经把父母的意志内化成自己的意志，无论做什么事，内心的父母都在评判自己。时时生活在评判的目光中，哪里会放松自在，哪会敢于创新和突破？

而生命的本能就是要绽放，要表达自我，总是被压抑，就会导致内心的冲突。一个内心冲突的人很难感到快乐和幸福，甚至很多心理疾病都是由此而来。

希望孩子乖，说到底，其实有父母的偷懒心理在里面。做父母的，也是平常人，不是生了孩子就变得伟大无私。父母也是会有私心的。孩子乖，自己就会省心很多，不用费尽心思调教孩子，不用焦头烂额地应付老师的告状。孩子乖，规规矩矩、踏踏实实地走在父母的意愿里，走在社会主流的价值观里，不出错，不逾矩，平稳幸福过一生，多好。

真的好吗？孩子真的会幸福吗？

是把孩子培养成省心听话的乖孩子，还是让他做真实、丰盛的自己，是每一位家长都要问问自己的问题。也不妨再多问自己一句：身为家长、人到中年的我们，这几十年来，是不是已经习惯了做个循规蹈矩的乖孩子，还是活出了真实的、丰盛的自己？

让孩子自主选择的魔力

刚刚过去的这个假期,我和橙子之间发生了几件小事,我发现,如果我控制住自己的控制欲,把选择和决定的权利还给孩子,居然能达到事半功倍的效果。

故事一:

带橙子回老家,在火车上,我们一起看一本书,说好一人读一段。但读的过程中,橙子有时会赶上字数比较多的一段。一看到那么多字,他就会有一点畏难情绪,哼唧着不愿意读。之前我们一起阅读时也会遇到这种情况,我会催促他一下:快点读啊,下面很精彩。或者用夸奖的办法:你读得真不错,我特别喜欢听你读。

但不管是督促还是夸奖,下次遇到字数多的段落时,橙子还是会多多少少地磨叽一下。这次在火车上,我想出了一个新办法,设定了一条规则:每次阅读时,遇到字数多的段落,橙子可以换我来读,但这个权利每天只能使用三次。

没想到,这个简单的规则还挺管用,接下来的阅读中,再遇到字数多的段落,橙子不再磨叽地表示不想读,而是开始考虑要不要使用他的三次权利。

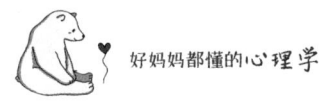

这时候，我就不用再多说什么了，只需要静静地等一等，等他考虑清楚。更让我想不到的是，基本上，橙子都会选择自己来读，到现在为止，只有偶尔几次要求换读。

故事二：

因为之前在姥姥家养成了边看电视边吃饭的习惯，所以一回到姥姥家，吃饭的时候橙子就条件反射似的嚷嚷着要开电视。我不想让他边吃饭边看电视，直接说不行。过了一会儿，他又央求："妈妈，我想看电视，让我看会儿电视吧！"我又拒绝。一顿饭下来，为这件事来来回回纠缠了好几次。

第二天吃饭的时候，昨天的拉锯战眼看又要重现。我想起了火车上阅读的事情，照猫画虎，心生一计。我说："这样吧，每天你可以看一个小时电视，怎么样？"

橙子一听，很划算："好啊。"

我又说："这一个小时的电视时间由你来掌握，什么时候看，看什么，都由你决定，但时间不能超过一个小时。可以吗？"

橙子很痛快地答应了。

我们继续吃饭。过了一小会儿，橙子开始央求："妈妈，让我看会儿电视吧？"

我笑眯眯地说："可以啊。你现在可以看啊。不过一天只能看一个小时，你要把握好时间啊。"

橙子稍稍一愣，他还没习惯这件事由他做主，估计也没搞清楚我的态度怎么一下子转变了。又过了一会儿，橙子习惯性地又开始央求要看电视。

我继续和颜悦色："你可以看啊，这事不用问我了，你自己来决定。"

橙子又想了想，还是没打开电视。一顿饭吃完，橙子再没提看电视的事。

我倒有点出乎意料，因为放权的时候我已经想到了最坏的结果，就是橙子开始没有顾虑地边看电视边吃饭。我问自己能接受这个结果吗？回答是可以的。

因为我知道橙子只有在姥姥家会这样，我们在自己家几乎不开电视，橙子也从来没要求过吃饭时看电视。我主要是担心橙子看电视的时间过长，对视力不好，限定每天一小时看电视的时间，我是可以接受的。

没想到，我的小小让步和妥协让橙子重新思考了什么时候看电视这件事。以前看不看、看多久都是妈妈说了算，现在变成自己说了算，他就要好好计划一下了。大概他觉得吃着饭看电视不太过瘾，不如踏踏实实地坐在沙发上看电视，所以吃饭看电视的问题就这么简简单单地解决了。

下午橙子和姥爷玩电脑，突然想起了什么，问我："看电脑也算电视时间吗？"

我说："当然算啦。"

就听见橙子对姥爷说："姥爷，那我只能玩 20 分钟电脑了。"

我暗喜，原来适当地放权，用对了方法，真的可以起到事半功倍的效果。

故事三：

在姥姥家快乐放松的时光快要结束了，返程的前一天晚上，橙子就开始不停地念叨："我不想回北京，我想在姥姥家。"

每次从姥姥家回北京都会这样，为了解决这个问题，我之前换着花样回应他。

共情：妈妈也不想回北京啊，在姥姥家多好啊，有吃有玩，不用上学，可是不行啊，妈妈得上班，你也要上学啊。

讲道理：你觉得你这么说有意义吗？你能不回北京吗？不能。那说这些有什么用呢？没用。所以不要再说了。

开玩笑：这么唠叨，你都快变成小老头了，以后就叫你小老头好不好？

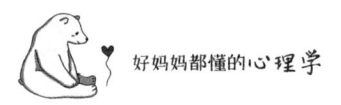

暗藏威胁：你要再这样哼哼唧唧，下回我可不敢再带你回姥姥家了。

实践证明，这些方法都没什么用。第二天下午去火车站的路上，橙子念叨得更频繁了："妈妈，我不想回北京，我想在姥姥家。"

无奈之中，我问橙子："你这么说，你希望妈妈怎么回答你呢？"

橙子沉默了一会儿，说："我也不知道。"

我说："是啊，我也不知道该怎么回答你。我要说那你别回北京了，你会答应吗？"

橙子想了想："可是我还得上学呢。"

我说："所以我们只能回北京了。"

橙子说："可是我想姥姥姥爷。"

我说："你看，无论我怎么回答你，你都不满意，所以我也不知道该怎么说好了。"

橙子没说话。过了一会儿，说："那让姥姥姥爷到北京来住几天。"

我说："可以啊，不过姥姥姥爷有自己的事情，要看他们的安排了，等你回北京后在电话里和他们商量吧。"

橙子说："那好吧。"

让我感到神奇的是，这番对话后，橙子的情绪稳定了很多，不再动不动念叨"不想回北京"了。返程的路上，偶尔再念叨一两句，我会问他："你希望妈妈怎么回答你呢？这件事刚才咱们已经讨论过了，你就把刚才咱俩的对话在脑子里重复一遍：你要回北京——又想姥姥姥爷——让他们来北京——什么时候来再商量。"

橙子就不再说什么了。

这几件事看似偶然，其实和我这段时间注意控制自己的控制欲有关。

这几件事，以前都曾经发生过。橙子不想读书，我督促他；想看电视，我拒绝他；他不想回北京，我开导他。我们之间已经形成一个固定的模式：

他表达诉求，我同意或者拒绝，他对我的意见只能被动接受。我是施加外力的一方，是主动的，他是接受的一方，是被动的。

因为这个力量是外来的，对他只能有一时的作用，过不了多久又会故态复萌。只有他产生了内在的动力，这个动力才能持续发挥作用。把选择权交给孩子，就是让他内在的力量发挥效力。这几次尝试也证明，这样做还能起到事半功倍的效果。

如何把选择权还给孩子，我从自己的尝试中摸索出一些经验。

一是制定一个规则。这个规则大家都要遵守，在规则之内，孩子有自由选择的权利。这个规则要简单可行又好玩，小孩子会把它当成一个游戏，这样家长的命令就变成了孩子自己的选择。

每一个大人都知道，被要求做事和主动自愿做事，心情和动力是完全不一样的，小孩子也是如此。

二是适当地做些妥协和让步。事先想想如果让孩子自己做选择，最坏的结果是什么，能不能接受。如果能，就放手让他去选择。对孩子各种管教和控制，就是因为不放心孩子自己能做好，实际上，孩子的自我管理能力往往会出乎我们的意料。

三是适当地示弱。比如不想回北京这件事，橙子习惯性地站在孩子的角度看事情，只会一味地提出要求，期待我给出让他满意的回答。当我问他，我怎么回答他才会满意时，就把他放在了我的位置上，反过来看他的诉求，他会有完全不同的视角和感受，会发现这个问题确实不好办。当我如实地告诉他，我也不知道该怎么回答他，就促使他开始自己思考问题的解决办法，而不是单纯地发泄情绪，等着父母来安慰开导。

四是做这些事时，一定要心平气和。要注意自己的语气和态度，和孩子商量着来。带着命令或赌气的口吻，比如说"你自己决定吧，我不管你了"，会让孩子感到强迫，感到父母是在赌气，这样反而事与愿违。

有时候，孩子出现各种问题，其实就是因为父母管得太多太严。与其

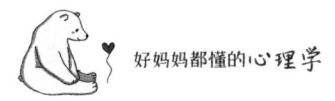

一遍遍唠叨和说教，不厌其烦地督促和纠正，孩子烦，自己也烦，不如换个方式，把自主权还给孩子，让他自己选择，自己做决定，结果也许会出乎你的意料。

当然，控制住自己不去唠叨和说教，不是一件容易的事，需要养成时刻自我觉察的能力，控制住操之过急的心态。当我们管住了自己，明确了界限感，让出了权利，孩子也就会慢慢学会管理自己，你会发现，很多问题在不知不觉中就不再是问题了。

给孩子有限的选择权

一天晚上,我出门遛圈儿,橙子让我帮他买包薯片。我问他要哪种,土豆的还是玉米的。橙子有点犹豫:"都行。"

我说:"别都行啊,你想吃哪种,确定一下。"

他想了想,说:"那就买玉米的。"

很日常的对话不是吗?如果你看完下面这个心理学实验,你就会明白,这样的日常对话里藏着的良苦用心。

心理学家做过一个关于选择的实验,他们把养老院里的老人分成两组,以微妙的区别对待他们。

他们告诉 A 组的老人:

1. 你可以自己决定房间的布置,是保持原样,还是怎么改动,都可以,请告诉工作人员你想怎么安排,我们会帮你做到。

2. 工作人员问老人:是否想要一盆绿植?如果想要,请选择自己喜欢的一种。(所有的老人都给自己选择了一种绿植。)工作人员告诉老人:现在,这些绿植是你的了,请你照顾好它。

3. 过两天我们要放一场电影,如果你想看的话,请选择是周四看还是周五看。

给孩子"赋权",让孩子自己做选择,不仅可以培养良好的生活习惯,更重要的是,可以塑造孩子积极主动、自信笃定、有责任感的好品质。

对 B 组的老人，他们是这么说的：

1. 我们希望你在房间里住得舒适，我们也将尽全力在各个方面帮助你，比如房间的布置，我们都为你安排好了，希望你能满意。
2. （给每人发了一棵绿植）这些绿植就是你的了，工作人员会每天替你给绿植浇水并照顾它们。
3. 周四、周五我们会放一场电影，稍后会通知你安排在哪一天去看。

发现其中的差别了吗？ A 组老人拥有更多的选择权，对自己的生活有更多的掌控。而 B 组老人则是由养老院代他们做出大部分决策，他们对自己的生活缺少控制感。

每一天，都有这样的不同。三个星期后，心理学家对这些老人和工作人员进行了问卷调查。结果显示：A 组老人感觉更快乐，也更富有活力，机敏性和社交能力明显高于 B 组老人。这个结果也印证了心理学家的观点：选择权、控制感和胜任感可以让人变得更积极乐观，更有责任感，更有助于身心的健康。对于老年人来说，还可以延缓衰老。

这个实验是不是让你有所思考？最直接的启发，就是我们如何对待已步入老年的父母。

我们通常认为孝敬父母，就是让他们不操心、少干活，跳跳舞、打打牌，"游手好闲"地颐养天年。其实，在适当的范围内，给他们安排一些事情做，或者请他们为我们帮帮忙、出出主意，反倒对他们是有益的。他们会觉得，自己还是有用的，可以掌控自己的生活，也由此和社会发生更多的连接，这些都有助于延缓身体和心理上的衰老。

其次，我们也可以从中学到教育孩子的方法。

实验中，对待 B 组老人的做法，是不是像极了父母对孩子的做法？事无巨细，大到上什么兴趣班，小到几点睡觉、选什么口味的冰激凌，往

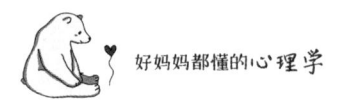

往都是我们给孩子安排好了,他只需要接受就行。结果呢?孩子丧失了对自己生活的选择权、控制权,就会有挫败感,要么不配合,要么投降顺从——不管哪种,都会导致层出不穷的问题。

对选择权和掌控感的需要是每个人的天性。"我"选择,我的生活"我"做主——如果主语不是"我"了,这样的人生还有什么意义?

所以,当孩子的问题让我们感到焦头烂额,不知所措,我们需要做的,只是把属于孩子的选择权还给孩子,让他学会为自己的生活做决定,就像文章开头的那段日常对话。橙子是个随和的孩子,习惯于说"随便,都行",在和同伴的相处中,也是经常处于跟从的角色,这和我们之前的教养方式有关系。意识到这个问题,现在,我会在很多事情上尽量让他自己做选择,尊重他的意见。

每次橙子说"随便,都行"的时候,我都会让他确认一下,到底想选择哪个。让他从每一件小事做起,练习自己做决定,明确自己的心意。

但并不是说给孩子的选择越多越好,这里面也大有学问。心理学家还做过另一个实验。让 AB 两组被测试者选择买哪种巧克力。A 组在 6 种巧克力里做选择,B 组在 24 到 30 种巧克力里做选择。结果显示,最终,A 组想买巧克力的人数比 B 组多了 10 倍。B 组因为选择太多,无法取舍,反而造成了困扰,产生了挫败感。

这个实验也说明,比起太多的选择,有限的选择能带来更积极的效果,人们对自己的选择也会更加满意。运用到教育上,就是要给孩子有限的选择。

这一点我很有体会。

一天晚上,橙子玩得正嗨,眼看九点半了,还不想去洗漱。我催了一遍又一遍:赶紧去洗漱,都几点了,天天睡这么晚,明天早上又该喊困了……赶紧的!你听没听见?我都说了多少遍了!橙子有口无心地答应着,迟迟不行动，直到我发火吼他，才不情不愿去洗漱。——相信这样的场景父母们再熟悉不过。

然而，那天发生的是另一个版本。我运用了正面管教的方法，让他做有限的选择。我说："我知道你不愿意去洗漱，还想玩一会儿，你是打算再玩 5 分钟去洗漱，还是玩 10 分钟再去洗漱？"

橙子想了想："那我再玩 9 分钟吧。"

我立刻同意："好的。"

9 分钟一到，我提醒他。他虽然有点不情愿，但还是去洗漱了。整个过程，我没有再费口舌。这是我第一次有意识地运用这个方法。我暗暗吃惊，有限的选择真的管用。

以往，是我帮他做决定，我来安排他的生活，几点睡觉，几点洗漱，他被动地接受或者抗拒。这次，我把选择权给了他，他由此意识到，洗漱睡觉是他自己的事。他没有再和我继续纠缠要不要洗漱的问题，而是开始思考怎么安排玩和洗漱这两件事，并自己做出了决定。

给孩子"赋权"，让孩子自己做选择，不仅可以培养良好的生活习惯，更重要的是，可以塑造孩子积极主动、自信笃定、有责任感的好品质。

通过一次次的选择，孩子清楚了——

◇ 自己喜欢什么，擅长什么，对"自己"有了更明确的认识。

◇ 有些事情哪怕不太想做，还是需要去完成，但他可以选择完成的时间和方式，让这个过程更愉快一些，他学会了灵活主动地去做事。

◇ 哪些是他自己的事情，是需要自己负责的，哪些是别人的事情，是他无法控制的，他就知道了边界和责任感。

就是这一点点的选择，造就了一个有担当、自信、积极主动的孩子。即使选择错了，也可以从错误中吸取经验。撞一下南墙，就知道头有多疼

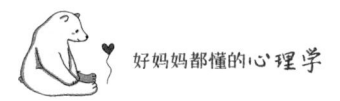

了。这样的人生体验,要比妈妈絮絮叨叨说一百遍管用得多。

人本主义的观念认为:"自己"是一个人过去所有生命体验的总和。假如一个人过去的生命体验都是"被动"参与的,或者是按照别人的意志生活的,那么他就会感觉没有在做自己。

做自己很重要。当年明月在《明朝那些事儿》的后记里总结说:什么是成功的一生?做自己,按自己的方式过一生,就是成功的一生。我深以为然。

做自己也很难。看看我们这些大人就知道了。有多少人,人到中年,却依然不知道自己喜欢做什么,不知道自己能做什么,不知道自己这一生为何而来。迷茫,焦虑,随大流,又将这一切传递给下一代,妄图以己之"昏昏"让孩子"昭昭"。

所以,说来说去,你终归需要想清楚这两个问题:

你,希望孩子做自己吗?

你,相信孩子能做好吗?

增强孩子的意志力,需要你的"稳"

某年春节前,几家人约着一起去东南亚玩了几天。我们住在一个类似私人庄园的园子里,组织方安排了很多活动项目。其中一项活动是学习一套功法,据说可以激活脉轮,强身健体。我们几个妈妈很好奇,就约着去体验一下。

没想到老师很年轻,是一个二十岁出头的大男孩。但又和一般的大男孩不一样,看起来很沉稳。他在18岁时遇到了他的老师,就此走上修行之路。我们面对面席地而坐,老师开始讲解这套功法的原理、动作的要点,以及怎样控制呼吸。

问题来了。

我的英语完全是应试教育的产物,考试能拿高分,日常对话也还凑合,稍微专业一点就抓瞎了,再加上老师的口音不是很纯正,听起来有些吃力。其他几位妈妈水平也差不多。我们连猜带蒙,比比画画,还是一头雾水。很多时候,老师一句话要重复好几遍,还要斟酌着换其他说法来表达同一个意思。经常是,老师用询问的目光看着我们,我们回报以一脸懵懂。这样尬聊了将近半个小时,我开始有一点不耐烦了。

我询问老师:"可不可以一边教我们动作,一边讲解要点?"

老师回答:"这些原理还是需要事先给你们讲清楚的,学会表面的动

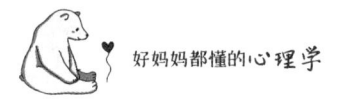

作,那只是皮毛。"

好吧,我耐下性子,继续连猜带蒙地和老师尬聊。从理论到练习,这堂课足足上了三个小时。一套功法做下来,我发现,老师说得确实有道理,在掌握了原理和要领之后,动作就会做得更到位,如果只是照葫芦画瓢学动作,是无法体会到这些的。

然而我受益最大的,不是学会了一套功法,而是在这个比我年纪小了将近一半的老师身上,体验到了无限的耐心,和被稳稳托住的感觉——

我们英语不好,他就一遍遍重复,变通各种说法解释,直到我们明白为止;我有些不耐烦,想调整学习的进度,他依然不急不慌,按照预定的节奏来;我们动作不对,他会反复提醒、演示,却不含评判指责,稳如湖水,波澜不惊;我试图在他的脸上寻找一丝急躁、责备和不耐烦的痕迹,然而,他的表情始终很淡定——不是身在世外的淡漠,而是一种有温度的、笃定的平静。

说实话,在我遇到的老师中,我很少感受到这样的耐心和沉稳。

过后,我忍不住反复琢磨这件事。我在想:上课的时候,我为什么会感到不耐烦?他的耐心和"稳"让我有什么感受?老师为什么会如此有耐心?他是怎样做到的?我能从中学到什么?我仔细体会我当时的急躁和不耐烦,试图捉住那些微妙的、一闪而过的念头,把它们放到放大镜下仔细观察。

我发现,这个"不耐烦"后面隐藏着恐惧和担心。

因为沟通不畅,我担心老师会不耐烦,担心老师会对我有评判,嫌我英语不够好。因为担心老师不耐烦,所以,我自己先对这件事不耐烦起来。用烦躁和不在乎来掩盖自己的担心、虚弱和无助,这是一种下意识的自我防御。而且,这个不耐烦也是对自己的不耐烦。担心别人烦自己,那就先自己烦自己。与其等着你的攻击,不如我先攻击自己,总比受到你的伤害要好。

所以，我在表达不耐烦的情绪时，会下意识观察老师的表情。如果他也因此表示出不耐烦，我就会有种"果然如我所料"的感觉：你看，老师果然有些不耐烦了，幸亏我先表示了不耐烦。

这是不是像极了孩子的感受？

作为一个妈妈、一个亲子教育爱好者，我试着站在孩子的位置，体会孩子的心情：如果我是一个小孩，不是那么完美，总会出点小差错；不是那么聪明，不能一学就会，父母总是管东管西，对我有诸多评判，做得不好、不对，就会受到父母的指责甚至吼骂。那么，当我遇到困难、遇到我没把握的事情，我会怎样做呢？

我会用不耐烦、急躁、放弃表示自己的不在乎。

因为这件事我不想做，没兴趣做，所以我才做不好，而不是我能力不够，想做却做不好。所以，你只能责怪我的不耐烦、易放弃，而不会责怪我不好。

就像很多父母对孩子的评价：这孩子，挺聪明的，就是做事毛毛躁躁，沉不下心来，一遇到困难就放弃。父母们没有意识到，这是孩子的一种自我防御。因为，如果我沉下心来做，还是做不好，那就是我这个人不行、不够好——我这个人就被否定了。为了避免自己的不够好被父母发现，我就用不耐烦、毛躁来掩盖——毛躁的小毛病比对我整个人的否定要轻多了。而且，一遇到困难就烦躁，也隐含着对自己的不耐烦。与其等父母嫌弃我，不如我先嫌弃自己，这样，来自父母的攻击就不会让我感到很痛了。

作为一个成年人，当我自觉做事吃力、自我价值感降低时，别说责骂了，老师一个略带不耐烦的表情就会让我感到很受伤。而父母们面对孩子的问题，对孩子的攻击可不是一个眼神那么轻微，轻则评判、贴标签，重则打骂、体罚。可想而知，孩子的内心会有多么受伤。

为了避免受到伤害，他们就会分出很多精力去关注父母的情绪变化，时刻保持警觉，要么防御，要么逃离。这样一来，他怎么可能一心一意、全力以赴地去面对困难、攻克难关呢？

所以，有时候，孩子做事毛躁、有畏难情绪，不是性格的问题，也不是专注力的问题，而是父母和孩子的关系出了问题。

橙子今年9岁，从小到大也接触了不少老师，不管是幼儿园、学校还是校外的兴趣班，橙子评价老师最重要的标准就是：是否温柔。

温柔，其实就是一种"稳"。它不仅是态度上的柔和，还是在关系中散发出来的一种氛围。孩子会感受到，不管怎么做，不管做得如何，老师对我都是接纳的，都会稳稳地承托住我，不会评判我、贬低我、攻击我。他就会放松下来，放下防御，把注意力从大人身上收回来，放回自己身上，专心享受学习的过程。

更重要的是，当孩子看到了老师的"稳"是怎样一种状态，被稳稳地承托住又是怎样一种体验，潜移默化中，他就会内化成自己的特质。他会把这种体验迁移到和其他人的关系中，学会以这种方式对待别人。在无形中，我们就教给了孩子怎样做人。

这种人格的塑造、关系的传承，要比传授知识更为宝贵。

那么，作为家长，当孩子出现了做事毛躁、容易不耐烦的情况，我们该怎样做到"稳"呢？我仔细体会老师的"稳"，除了源自信仰的博爱，还有很多值得我们普通父母借鉴之处——

"稳"意味着，对结果不苛求。

下课后，我曾和老师交流："这堂课，我最大的感受是你的耐心。我很好奇，你为什么可以这么有耐心呢？"老师说，这套功法他练了好几年，他从中受益匪浅，所以非常希望分享给更多人。不过，至于我们能接受多少，就随缘了。因上努力，果上随缘，可以让心态变得平稳。

反观我们自己，我们总是急于看到结果，希望自己说的话，孩子立刻能理解，理解了能马上做到，不只做到，还要做好。恨不得今日种，明日收。对结果不苛求，尊重孩子，尊重客观规律，放低预期，就不容易激起情绪，也会生出更多耐心。

"稳"意味着，你一直都在的陪伴和引导。

上课时，当我们感到交流吃力不耐烦，老师没有放弃，而是稳稳地陪着我们，尽量说慢一些，斟酌着换其他说法，想办法帮助我们理解。

那么，当孩子表现得不耐烦时，其实就是他感到无助和无力的时候，我们是不是也可以用行动来陪伴他？比如，面对难题，我们可以和孩子一起想办法，看看可以拆解成哪几个步骤，一步一步来。

希望孩子坚持，就用行动带着孩子一起坚持，交流坚持的心得，互相鼓励，而不是像监工一样，只会用言语的小鞭子驱赶他、指责他。

"稳"意味着，内心笃定，相信孩子。

知道自己想要的是什么，就不会被东南西北风吹得焦虑不安，也把这种焦虑传递给孩子。你稳当了，孩子就会感受到，心里也会变得踏实。要相信，坚忍不拔、沉稳自信，不是靠方法技巧教出来的，不是靠唠叨指责灌输进去的，而是一个人内在就有的、向上向好的生命动力。

我们需要做的，就是给孩子一个稳稳依托的心理环境，用鼓励和欣赏、陪伴和引导唤醒这股沉睡的力量。

小心，不要"催熟"你的孩子

前几天和朋友聊天，说到"慢养"的话题，她讲了孩子学系鞋带的故事，让我很受启发。

她的女儿三岁多时，有一段时间，对自己穿鞋很有兴趣，总想自己黏上搭扣。一开始总是穿不好，小孩儿就坐在地上，自己鼓捣半天。这个时候，往往是临出门的时候，大人已经收拾好了，都在等她。

有时候，姥姥等得不耐烦，会催促孩子："别自己鼓捣了，让你妈妈帮你穿。"朋友这时会沉住气，告诉孩子："别着急，慢慢来，妈妈等着你。"直到孩子自己穿好鞋，很开心地和大人一起出门。搭扣黏得松了、黏得紧了，甚至鞋穿反了，都没关系。孩子走路感觉不舒服，再调整调整就好了。没多长时间，孩子穿鞋的动作就越来越熟练了。

我问朋友："孩子好不容易穿好鞋，你是什么反应？会表扬她吗？"

朋友说："我不会特地为这个表扬她、鼓励她。就当作很正常的一件事，穿好出门就可以了。"

我们都知道龙应台的这句话："孩子，你慢慢来。"为什么要慢？因为成长本来就是缓慢的啊。每个孩子都有自己的成长节奏，大人要做的，就是尊重他的节奏，放慢脚步，等一等他，并且适时给予引导。因为只有这样，才会培养出一个有深厚底蕴、幸福感强的孩子。

慢养，有助于孩子专注力的养成。

有时候，孩子反复做也做不好，有点沮丧，就向妈妈求助。朋友会告诉她："据说，有的数字是有魔力的，比如7，比如12。这件事，等你做到第7遍、第12遍的时候，魔力就会发挥作用，就会做成功了。你要不要试试看？"

孩子觉得很好玩，就开始一遍遍尝试。熟能生巧，尝试的次数多了，自然熟练多了。在这个反复练习的过程中，孩子会尝试各种办法，试试这样做，试试那样做，不断探索更有效的方法。在探索的过程中，遇到问题，想办法解决问题，心力都集中在这件事上，不知不觉，专注力就培养起来了。在反复尝试、练习中，孩子的能力也得到了提升。

很多时候，孩子看起来是在磨蹭，其实，他正在练习用自己的力量解决问题。就拿系鞋带这件事来说。小孩子，肢体动作还不协调，尤其是一些精细动作，手指和大脑的配合还不够熟练。

一次次的练习，就是用肢体动作一次次地刺激大脑的神经反应通路，练习的次数多了，神经通路就建立起来了。笨拙—熟练—自动化反应，这是掌握一项本领的必经之路。就像我们打字一样，一开始也是用食指一个一个地敲字母，练得多了，就可以不假思索地飞快盲打了。

能力的提升离不开循序渐进的练习。给孩子一些时间。每当你有些不耐烦，想催促孩子、想动手帮孩子，不妨想象一下，此时孩子大脑里的神经细胞正在不停地连接，开拓出一条崭新的神经通路。这么一想，也许就会有更多耐心了。

慢养，会塑造孩子沉稳、坚韧的性格。让孩子慢慢来，他会体会到，不是只有结果才有乐趣，过程本身也是一种乐趣。

月月有段时间对制作动画着了迷。她自己画画，自己录音，然后配合着画外音，一只手翻页，一只手录像，在小屋里忙得不亦乐乎。忙了两个

催熟的果实，表面看起来和正常成熟的果实差不多，甚至更鲜艳、成熟更早，但它的营养和口味却差了很多，没有自然成熟的果实丰美。被催熟的孩子也是一样，不尊重他内在的生长节律，不停地催、不断地干涉，往往会毁了孩子。

多小时,终于制作出了两分钟的"动画片"。"台上一分钟,台下十年功",这个道理,不用妈妈多说,月月就从亲身实践中体会到了:没有随随便便的成功。

要做成一件事,需要反复地尝试、练习,经历很多琐碎,解决很多问题。甚至,即使反复尝试了,也不是所有事都能成功的——这样的认知很可贵,在无形中也塑造着孩子的性格。在遇到问题的时候,她自然会耐下心性,不急不躁。

很多父母,小事着急,大事焦虑,总想让孩子跟上自己的节奏,或者跟上他们所认为的"社会主流"的节奏,认为别人家的孩子做到的,自己的孩子也要做到。从孩子出生就开始比,比谁个头大,谁先会走路,谁背的唐诗多,谁的成绩好,谁的工作好……孩子发展得慢一些,弱一些,就开始着急、焦虑,开始不停地催:快点,快点!看着实在着急,就忍不住去帮孩子做,一边做,一边唠叨。催不管用,就训斥、打骂,逼着孩子去做。

看到学钢琴好,就让孩子去学钢琴。看到别人家的孩子围棋获了奖,又给孩子报围棋班。一想到自家孩子要比别的孩子落后,就急躁、焦虑得不得了。他们等不及孩子自然的成长,等不及孩子的个性显露,而是想尽办法去"催熟"他。

结果呢?往往是揠苗助长,欲速则不达。

你见过被"催熟"的孩子吗?他们往往会有这样的表现——

自己的事情让别人负责,把过错都归结到别人身上。

因为着急的家长肯定会经常越过界限干涉孩子的事,把自己的意志强加到孩子身上。时间长了,孩子的事就变成了父母的事,孩子倒成了甩手掌柜。朋友的孩子发现:班上经常忘带东西的总是那几个同学,老师一问,还理直气壮地说:"我妈忘了帮我装!"

一个不能为自己负责的人，很容易怨天尤人，怨父母，怨伴侣，怨孩子，怨这个社会——都是你的错，我才会这样！

做事眼高手低，虎头蛇尾。

想象一件事情很容易，等真的动手开始做，才发现不是那么简单，稍微遇到一点问题，就容易半途而废。结果是，大事做不了，小事不愿做。

月月的妈妈讲了这样一件事。邻居家的西西和月月同龄，有一次，她们一起玩根据线索寻宝游戏。一开始是月月妈妈设置线索，孩子们寻宝。两个孩子玩得很开心。轮到孩子们设置线索了。要设计成一环套一环的线索，是需要动点脑筋的。西西很快就没有了耐心："我不想玩了，咱们换个游戏吧。"

月月提议，咱们编个儿童剧吧。这是月月经常在家里和爸爸玩的游戏。西西一听很兴奋："好啊，好啊！"可是等到西西发现编儿童剧还要编台词、找音乐、设置情节，很快就没了兴趣："我不玩了，我回家了。"西西妈妈有些无奈："这孩子，就是没常性，干什么都毛毛躁躁的。"殊不知，这种毛毛躁躁的性格，和家长的培养不无关系。

注意力差，攻击性强。

注意力是需要培养的，就像朋友的孩子学穿鞋一样，通过一件件日常小事，专注力慢慢就养成了。督促、干预会打乱孩子的节奏，让他的专注力支离破碎。

经常被督促、被干涉，自我得不到充分地舒展，被压抑的能量就要找到突破口爆发出来。这样的孩子就会表现得很有攻击性——都是你的错，都是你不好，才造成我这样。认知和能量的双重作用，就会让孩子用暴力解决问题。很多喜欢用暴力解决问题的孩子，你会发现他们的学习成绩一般也不太好，因为专注力差，学习不能长时间集中精力。这些其实都是有关系的，互为因果。

如果孩子本身的能量就弱，他的自主性经常被大人的意志压制，自我发展不起来，就变成懂事的"乖"孩子。

橙子小一点的时候，橙子爸爸觉得男孩子这么大了，该分房睡了。橙子不愿意，但苦于爸爸的权威，万般无奈，只好去小屋睡。我知道橙子不习惯，会陪他睡着再离开。橙子爸爸为此念叨我好多次：这么大的孩子，根本不用陪，早该自己独立睡觉了。

有时，我回来得晚，橙子一个人睡不着，就悄悄给我打电话。电话里的小孩带着哭腔，可怜兮兮地说："妈妈，我睡不着，你快回来吧。"他不敢去找爸爸，知道找也没用，没准还会招来一顿训斥。

为此我和橙子爸爸沟通了好几次：每个孩子都有自己的成长规律，现在强迫他自己睡，表面上也许他做到了，但内心里会压抑很多恐惧和孤独，得不偿失。橙子爸爸慢慢也意识到了问题，这件事情上不再坚持。到了冬天，小屋有些冷，我顺势就让橙子搬回大屋的小床上睡了。

第二年，天气暖和了，我和橙子商量分房睡的问题，这次橙子很顺利地答应了。又过了几个月，临睡前亲亲他，互道晚安，我就可以离开，不用再陪他睡着了。有时候，橙子还会关上小屋门，自己在里面玩，显然不想让我们打扰他。从不敢一个人睡，到自己在小屋自得其乐，橙子用了两年多的时间。我很庆幸，没有逼他分房睡，橙子的性格本来就有些敏感，否则，可能会让他更压抑自己的本性。

催熟的果实，表面看起来和正常成熟的果实差不多，甚至更鲜艳、成熟更早，但它的营养和口味却差了很多，没有自然成熟的果实丰美。被催熟的孩子也是一样，不尊重他内在的生长节律，不停地催、不断地干涉，往往会毁了孩子。

这样的孩子长大了，即使满足了父母的心愿，按主流标准看上去也不错，但内心是否幸福快乐，生命力是否舒展飞扬，只有孩子自己知道。

每个孩子都是独一无二的，有自己的生长节奏。我们总说尊重孩子，却常常忽视了要尊重他的生长节律。慢下来,别那么着急,你会看到孩子成长中一点一滴蕴藏的生命之美。

一生的时间很长,打好地基才能起高楼,请给孩子足够的时间成长。

你给孩子贴上的标签可能禁锢他一生

最近,我有种孙悟空从五行山下放出来了的感觉。

前段时间,我对咨询师提出一个让我纠结了很多年的问题:纠结。

从小到大,我都是一个纠结的人。应该是上小学的时候,堂哥带来两个玩具,他一个,我一个,让我先挑。我看看这个又看看那个,哪个都想要,哪个都舍不得。堂哥看我犹豫不决的样子,索性两个玩具都给了我。我这才舒了一口气。这是我关于纠结的最早记忆。

后来,慢慢长大,还记得上大学时,有时会为午饭吃米饭还是包子犹豫不决。一边犹豫一边自责:你可真纠结啊!最近一件关于选择的事,因为比较重要,我纠结了快一年,自己都烦自己了。拿不起放不下的状态很痛苦,却迟迟下不了决心,做不了决定。

我问咨询师:"我想知道,我为什么会这么纠结,怎样才能不纠结呢?"

咨询师问:"从小父母对你管得严吗?"

我想了想:"不算严,我很乖,所以一般情况下,我和父母的意见都比较一致,他们还是挺尊重我的想法的。从小到大几次比较大的选择,比如选择专业、选择工作、选择伴侣,都是我自己做的决定,他们都尊重我的意见。"

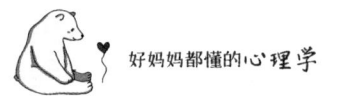

我还给咨询师讲了讲,当时我是怎么选专业、选工作的事情。

咨询师说:"看来你在大事上还是挺有主见的。"

我心里一愣:啊?真的吗?再一想,好像还真是这样。

我又有点疑惑:"那么,最近这件事,也是大事,为什么我会这么纠结,纠结了这么长时间呢?"

咨询师说:"可能是因为之前的事都有个选择的截止日期,而这件事没有一个明显的期限,所以你就一直在纠结。"

我恍然大悟:真的是这样。虽然我纠结了快一年,但我其实一直在逃避选择,甚至逃避思考该怎么选择。因为面对自己内心的恐惧实在太痛苦了,我对自己下不去手。

这次咨询结束后,我明显感到,心里有个地方松动了。我才发现,这么多年来,我给自己贴了一个标签:纠结。虽然我一直在寻找纠结的原因,寻找解决纠结的方法,但在潜意识里,我却认同自己就是个纠结的人。这种矛盾和分裂,就好像揪着自己的头发想逃离地球。

当咨询师告诉我:你在大事上挺有主见的。我好像一下子被点醒了:在人生这么重要的事情上,我都是自己做出的选择,我知道自己想要什么,没有太多犹豫,怎么能说我是一个纠结的人呢?

所以,用纠结来概括我,是不对的。我只是在有的时候、有的事情上纠结——每个人都会有这样的时候,这很正常。我是能做出选择的,同时我也允许自己有纠结的时候。不能说,我是一个纠结的人。这么一想,我心里一下子敞亮多了。原来那种被压得沉沉的、绑得紧紧的感觉消失了很多,多了很多力量和动力。

原来,我一直用纠结这个标签把自己束缚住了,就像如来佛用一道符把孙悟空牢牢地压在五行山下五百年。只是,这道符是我自己给自己贴上去的。

原来，我不用去苦苦寻找纠结的原因、寻找解决方法，当我不认为自己是个纠结的人的时候，这些问题自然而然就没有意义了。咨询师看似平常的一句话，轻轻地把这道符给揭掉了。我有一种被释放的感觉。

这件事让我感触很深。我深深地体会到了做评判、贴标签会对一个人造成多么大的束缚。如果我没有开始自我成长，我可能终其一生都认为自己是一个纠结的人，陷在这个标签里无法挣脱。就像被压在五行山下的孙悟空，五百年动弹不得。而我们人类，又是多么习惯给他人、给自己下评判、贴标签，习惯得都已经察觉不到自己是在这样做。

这其实和我们大脑的运作模式有关。

大脑喜欢简单化、概括化，这样可以节省时间处理纷繁复杂的信息，面对危险，是战是逃，迅速做出判断。这种运作模式帮助人类进化到今天，功不可没，但也显露出它的缺陷。世间事纷繁复杂，很难用一个词、一句话去概括，尤其是面对一个活生生、有多个维度的人。这就难免会造成非黑即白、以偏概全的误判。

尤其是对待我们的孩子。父母对孩子，经常处于上帝视角，我们自以为最了解孩子，他属于我们，我们掌控着孩子的命运走向。这样的视角，很容易让父母给孩子下种种评判，贴种种标签。

这孩子挺聪明，就是马虎。

这孩子不懂分享，太自私了。

这孩子就是懒。

这孩子算是废了，天天想着玩游戏。

这孩子，怎么这么不懂事？

……

这种评判的语言，太司空见惯了，相信每个父母或多或少都说过。我们以为这都是为孩子好，让他知道自己的错处，才能闻过即改。而这些标

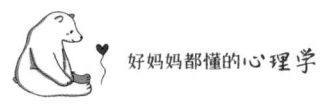

签会在孩子内心产生什么心理后果呢?

语言是有魔力的。比如,当你总是给孩子贴上"马虎"的标签时,孩子一般会有两种反应。

一种是认同。大人总说我马虎,这道题我也确实做错了,因为不细心,看来我真是挺马虎的。当他认同了自己就是一个马虎的孩子,他就会在无意识中自我暗示:我是一个马虎的人,我会做出马虎的事。也许他很努力地让自己不再马虎,也许表面上也做到了,但潜意识里,他一直在与"我是个马虎的孩子"为敌。就像我和纠结的关系一样。这种分裂、对立的状态非常消耗能量。

一种是反抗。孩子会很不服气:大人总说我马虎,我才不马虎呢,我只是审题没看清楚,凭什么说我马虎?但是,这样的反抗往往伴随着无力感——我怎么才能证明我不马虎呢?我做的所有事都必须证明给父母看。时时刻刻想着"证明"给谁看,这是非常累的。何况有时还做不到那么好。慢慢地,孩子就放弃了反抗,变得"皮"了——你们爱怎么说就怎么说吧,我不 care,反正我怎么做你们都觉得我不好。

其实,这不仅是孩子内心的反应,也是我们成年人面对标签时会有的反应。我们不仅给孩子贴,也给自己贴,也认可别人给我们贴的标签。

贴来贴去,世界在我们眼中就变成了各种概念化的标签,我们只看到了标签,看不到鲜活的人,看不到蕴意丰富的事。我们把自己和他人都限制在了条条框框里,要么认同,要么拼命挣脱,却无济于事。

那该怎么办呢?我的体会是,可以从两个方面入手。

第一,加入觉察,接纳生活的真相。

大脑的运作模式决定了,贴标签、做评判是一件特别自然而然的事。但自然而然的事不一定就是完全正确的事。想突破,就要稍微反人性一些,在"自然而然"的无意识中加入一点觉察。

比如马虎。看到孩子做错题，我们脱口而出的是这孩子太马虎了。但如果加入觉察，就可以多问自己几个问题：

孩子是在所有时候、所有事情上都马虎吗？

还是只在有些时候、有些事情上马虎？

他是不是也有认真、专注的时候？

他在什么时候会更认真一些？在什么时候会马虎一些？

这么一问，你对刚才所下的论断就不那么确定了。而且，这些问题也会帮你梳理出解决的思路。

实际上，我们每个人都是如此。有表现好的时候，也有表现差的时候。有高光时刻，也有阴暗时刻。这才是生活，这才是真实的人。我们得接纳这个真相。

我想起咨询师在一开始对我说的：你想解决纠结的问题，我们可以看看，也许你可以和纠结和平共处呢。我当时想：这怎么可能？我心心念念想的是消灭纠结，和纠结共处，不就说明我失败了吗？这怎么可能是一个解决办法？

做完咨询，我才慢慢体会到了咨询师的意思。原来，最好的解决方式就是与问题和解，也就是与自己和解。承认自己有时候就是会有这样那样的问题，这很正常。贴标签，就是以偏概全地否定一个人。接纳，才是最终的解决之道。

第二，就事论事，活在当下。

贴标签，是活在过去的偏见里，把这个人过去种种类似行为归结为一个评判。贴标签，也是活在对将来的臆想中，我们会根据标签来判断这个人将来会怎样。所以父母会为孩子的种种问题焦虑不已。

但贴标签唯独没有活在当下。所谓活在当下，就是看到只是此时、此事是这样而已。我只是在这个时候、这件事上纠结了，不能因此说我是个纠结的人。孩子只是在这道题上马虎了，不能因此说他是个马虎的孩子。

不念过去，不畏将来。不评判，不自责，看到它，知道它是你的一部分，就好。做到了这两点，我们耿耿于怀的很多问题就不再是问题了。

很多时候，问题不是能"解决"的，问题是可以"化解"的。如何化解？说来说去，其实修的还是我们这颗心。

不要让比较心理伤害你的孩子

几年前的一天晚上,橙子和姥姥视频聊天。隔着屏幕,橙子给姥姥比划他们学的京剧健身操,就听姥姥说:"跳得真棒,你妈就不会……"

我在旁边做家务,有一句没一句地听他们聊。一会儿,橙子又给姥姥演示什么动作,姥姥又说了一句:"真棒,你妈就做不了这个。"

我忍不住凑过去说:"你们聊你们的,干吗总扯上我啊?"

很小的一件事,但姥姥的这两句话却让我心有所动,思考了好久。

很多时候,我看姥姥姥爷和橙子的相处,就像是在"考古",从他们对待橙子的方式中,我隐约会找到一些自己当年的成长痕迹,推测出他们当年是怎样教育我的。

总的来说,父母对我的教育是很宽松的,记忆中,我没有挨过骂,没有挨过打。我很感恩,父母给了我一个宽松、民主、尊重的成长环境,让我的身心可以健康成长——他们已经做到了他们能力之内的最好。

当然,作为社会中的人,他们也免不了他们那代人、那个崇尚集体主义的时代的局限性。比如说,比较。他们会有意无意地拿我和邻家的孩子比,和同事的孩子比,比学习,比做家务,比为人处世,比性格开朗。他们可能都没有意识到自己在比较,只是在闲聊中提起:谁谁家的孩子怎样怎样。说者无心,听者有意,慢慢地,我就明白了父母心中理想的孩子是什么样的，我就会努力去做得比那些孩子更好。

只是，我不可能永远在比较中占上风。有的方面，我做得比别人好，比如学习，我就觉得挺得意，觉得自己是个好孩子。有的方面，我不如别人，比如性格内向，不善社交，就会觉得自己不好。这样比来比去，造成了一个后果：我变得不自信，觉得自己不够好。

因为，我的自我价值感是从比较中得来的——我比别人好，就会生出一种优越感，觉得自己是有价值的。我不如别人，就会觉得自己没有价值，不值得别人对我好。更重要的是，那种优越感其实是虚假的、不堪一击的，只要换了一个更强大的比较对象，我就会立刻从洋洋自得变成自卑。

如果没有学习心理学，没有自我觉察，我恐怕一辈子都发现不了自己的比较之心。我是到了三十多岁才发现，自己的内心一直有一个天平，总是把自己和别人放到天平上比较。遇到人，我会不由自主地在心里掂量掂量，对方的职位、阅历、个性，等等。如果觉得相比之下，自己在心理上占了优势，就会很放松。如果觉得自己不如对方，处于下风，就会拘谨很多，时时担心对方看出自己的"不好"来。可能在表面上别人根本看不出什么，但这些内心戏只有自己最清楚。自得和自卑天天像跷跷板一样上上下下地翻腾，真的好累。

我记得，几年前，我和几个女友一起吃饭。聊天时，我半是客套半是真心地夸朋友："你做得真不错。"这样的话说了好几次之后（我都没有意识到），一个女友对我说："你为什么总觉得别人很好，你自己也很好啊！"

当时我愣了一下，很认真地想："我很好吗？我不觉得自己做得有多好啊！"后来我才明白，自己为什么会那样想：我看到的别人的好，是通过和自己比较得来的。所以，别人好，也就意味着自己不够好。这种不自信是根深蒂固的，无所不在，即使面对一个几岁的孩子。

由那次姥姥和橙子聊天，我才发现，我夸奖橙子时，末尾总会带上一句类似的话：你比我强。比如：

"哇，你叠的纸飞机真棒，我就做不了。"

"你是怎么做到的？我都没想到。"

橙子做得好，我直接夸他就可以了，为什么总要加上这么一句呢？我看到了自己的比较之心，也看到了自己的低价值感——不由自主地就抬高别人，贬低自己，哪怕是自己的孩子。

几年前，我意识到自己这个内在模式后，开始有意识地觉察，一有比较之心就会提醒自己："嘿！你又在比较呢。"

这个模式跟了我几十年，已经根深蒂固，很多时候，就算是觉察到，也控制不住自己。下意识的比较，几乎成了一种自动化反应。你明明知道这样不好，不该这样做，就是做不到。那种感觉，很让人有挫败感。

不过，就这么一次次地坚持觉察，比较之心一点点地淡化了。

如今，我已经变得好多了。我越来越有一种感觉，感觉自己慢慢活开了。所谓活开了，就是不那么在意外在的评判标准，不那么在意别人的眼光，心中笃定，知道自己的好，也清楚自己的薄弱之处，好与坏统统接纳——我就是这样啊。我的好，我会继续发扬光大。我的薄弱之处，我也承认，但我会努力改进，这就可以了。

自己与自己达成和解，内心不拧巴，就会通畅很多。而且我发现，人和人是没法比较的，你在这方面好，他在那方面好，怎么会有一个精准的比较呢？更何况，所谓的好与不好，这个标准是从哪里来的呢？仔细想想，这些标准往往来自主流价值观，甚至来自一些想当然和偏见。那么，凭什么说这样就好，那样就不好呢？

这几年，我也慢慢发现，每个人都有光彩之处，每个人也都有无奈之处，这个世界本来就没有绝对的黑与白，而是深浅不同的各种灰度，所谓的好与坏都是掺杂在一起的。我开始学着欣赏一个人的闪光之处，理解

比较，意味着评价，意味着竞争之心，意味着把对方当成了对立面；比较，也意味着不自信，你不觉得自己好，所以才会在别人身上找自己的价值……终归，你是不自信的。

一个人的无奈之处。我练习着不再评价一个人，只是看到他有这样那样的特质。

欣赏的出发点是：我很好，你也很好。

慈悲的出发点是：我知道自己的不容易，我也看到了你的不容易，大家都不容易。

当我不再比较，我就有了解脱之感，不把自己和对方束缚在一个对立、竞争的关系中，不被别人的眼光所绑架，也不被自己的比较之心所绑架。我做好自己，我知道自己是好的，是有价值的——这件事，我就是知道，不需要外在的东西来证明，也不需要通过比别人强来证明。一旦有证明之心，说明你还是不相信自己是好的。

当然，我也没做到大彻大悟，也做不到完全不比较。马克思他老人家早就说过，人是一切社会关系的总和，从生到死都处在各种社会关系中，完全不比较，很难做到。但我可以和自己比，比过去的自己做得更好，那就很好。更重要的是，当我确认了自己是有价值的，比较对我来说，就变得不是那么重要。

比较，意味着所有人挤在一条跑道上，谁先到达终点谁算赢。

可是，人生并不是只有一条跑道，也不是只有唯一的输赢标准。人生就是一段旅途，有人爬山，有人涉水，有人穿越森林，道路不一样，沿途的风景、一路的收获都不一样，怎么比，比什么？

当你想清楚了这些，比较对你来说就失去了意义。你忽然就觉得，比来比去，挺没劲的。

比较，就意味着评价，就意味着竞争之心，就把对方当成了对立面。

比较，也意味着不自信，你不觉得自己好，所以才会在别人身上找自己的价值，而这个"别人"是不固定的，你认为自己好、认为自己坏都是随着别人的变化而变化的，你对自己缺少一种恒定的价值感。

终归，你是不自信的。

我花了几十年时间，才看清这个模式，慢慢从中解脱出来，我不希望我的孩子也走同样的路。我告诉橙子：你是你，别人是别人，每个人都是不同的，我们不要和别人比较。

我想，橙子多少 get 到了我的意思。起码，给他种下了一颗不做比较、不做评判的种子。

有时，大人为了激励他，会说：“你看看谁谁，一顿饭能吃二十个饺子。”有时，我们也会在情绪中脱口而出：“你看看谁家孩子像你这样？”橙子会说：“我是我，他是他，我不和别人做比较。”

我很高兴橙子这样回答。

自我成长篇

妈妈的成长,
是对孩子更长远的负责

当一个母亲由内而外散发着这样的光芒时,
她的孩子是会受益的。

为什么你总忍不住吼孩子？

前几天，我带橙子上课外班。课前老师点名，点到橙子时，老师的发音有点不太准，橙子没反应过来是在叫自己。老师又叫了一遍，橙子犹犹豫豫的，答应的声音很小。老师没听见，以为这个学生没来。我正好坐在橙子后面，拍拍他，让他赶紧举手告诉老师他来了。

直到老师点完名开始上课，橙子的手都没举起来。

我心里有些急，有些气，想："这孩子怎么这么怂？连举个手大声说句话都不敢！"越想越生气，又戳戳橙子："你赶紧告诉老师。出勤情况要录入系统的！"话语中已经带了情绪。

直到老师让同学们做课前小练习，橙子才举起手。老师走过来问什么事。橙子小声和老师说了。老师说：好的，我知道了。

这孩子，太怂！

看着前排橙子小小的背影，我心里有些烦躁。气橙子的胆小，也气自己沉不住气，一点小事就急成这样。

为什么会这样？我细细察觉自己的内心，想看清楚这急这气是从哪里来的。

不用太费劲，我看到了一个小女孩。

幼儿园的中午，大家都在午睡。小女孩想尿尿，又不敢大声喊老师，

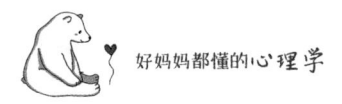

就使劲憋着。胆怯紧紧地掐住了小女孩的喉咙,直到尿了裤子,她就是喊不出一句:"老师,我要尿尿。"

那个小女孩就是我。

后来,小女孩上了学,变成小女生。她很少主动举手回答问题,最怕的事就是被老师点名,每一次站起来当众发言,都紧张得如临大敌,脸红心跳。

再后来,小女生变成了大女生,走出校门开始工作。表面上,当众说话已经不是问题,很多场合也能侃侃而谈,但只有她知道,那份胆怯还压在心底,只不过学会了掩饰,不轻易让别人发现而已。

这么多年,她一直不喜欢那个胆怯到尿了裤子的小女孩,一想起那件事就有种羞愧感。或者说,她一直接受不了性格中胆怯、内向的那一面——它不好,我不应该这样。

三十多年后,当她看到自己的孩子也不敢举手大声说话时,就像看到了当年的自己,心底那份对自己的气和急,还有羞愧感一下子涌了上来,所以才表现得不那么淡定。

这件事,如果发生在几年前,我可能会很无辜、很理直气壮地说:"我就是担心孩子太胆怯,所以才着急发火啊。还不是为了孩子好。"当我学习了心理学,明白了客体关系理论,明白了什么是"投射",我才察觉出:我对孩子的急和气,是因为我把不喜欢的自己投射到了孩子身上,类似的情景触发了曾经的感受,就如压抑已久的岩浆找到了裂缝,喷涌而出。

在那一刻,我没有如实地看到孩子,而是看到了我"以为"的孩子。

表面上是孩子的问题,实际上是我的问题。

表面上是对孩子发火,其实是对自己的不接纳。

孩子做得不妥,我们可以引导、教育,甚至批评、惩罚,但我们为什么总是控制不住对孩子发火,大吼大叫?明明知道只是一点小事,明明知道发火对孩子心理不好，就是控制不住，就是想把情绪发泄出来，这到底是为什么呢？

因为你没把自己理清楚，你自己的内心就是纠结的、冲突的、压抑的。你把自己被压抑、不被认可的那一面投射到了孩子身上。越压抑，越否认，越投射，情绪越强烈。

你嫌孩子胆怯害羞，是因为你接受不了自己的胆怯。

你因为孩子磨蹭大发雷霆，是因为你的焦虑不允许自己磨蹭，什么都要争先。

有一种冷，叫作妈妈觉得我冷。孩子不冷，是你觉得冷。

爷爷奶奶总想让孩子多吃饭，吃成个小胖子才高兴，是因为他们自己饿怕了，有深深的匮乏感。

再讲一个我的故事。

从小到大，妈妈忙里忙外做家务的时候，我就变得小心翼翼。如果她在忙，我闲着，妈妈的脸色就会越来越不好看，就会开始唠叨，家里的气氛会莫名变得很压抑，妈妈的情绪一触即发。为了避免妈妈的唠叨和发火，每当妈妈忙的时候，我要么去搭把手，要么也找点事情做——反正不能闲着。

后来，结了婚，我发现，自己也变成了妈妈那样。我在忙家务，老公要是闲着，我心里就来气，憋了一肚子火总想找个机会发泄出来，为此两个人闹过不少摩擦。

当然，他做家务时，我也会找点事做，因为会隐隐地担心被唠叨，给脸色看。结果，我渐渐发现，老公干活我闲着的时候，他的反应却和我不一样——即使我什么也不干，老公也没什么情绪，脸色照常，居然可以一边做饭一边唱歌，很享受的样子。

我暗暗吃惊：原来也可以这样？为什么同样是做家务，我同样闲待着，

当你察觉到了自己的投射、自己被压抑的情绪，就会从情绪中跳脱出来，意识到有多少是自己的问题，有多少是孩子的问题。看到这些，会帮助你就事论事地教育孩子，而不是毫无觉察地带着情绪大吼大叫。

妈妈和老公却是不同的反应呢?

开始自我成长后,我渐渐想明白了。

妈妈是家里的老大,下面有几个弟妹,姥爷常年不在家,她就要帮姥姥撑起这个家。自己多出一分力,姥姥就少辛苦一点,所以养成了为家庭辛苦操劳的习惯。虽然有时也想偷懒、轻松一些,但她不允许自己懒,别人忙、自己闲着就是罪恶。

想懒惰的欲望虽然被压抑下去,但始终存在。多年后,当她为自己的小家忙忙碌碌,看到女儿"游手好闲"时,她就把当年那个想偷懒的自己投射到女儿身上。她对那个想偷懒的自己有多压抑和否定,对女儿就有多强烈的情绪——愤怒、抱怨和委屈。

相比之下,老公没有这样的经历,他做家务是因为他想做,不想做的时候就先放一放。他允许自己有时会懒惰,允许偶尔的游手好闲。所以,当我闲着时,他也觉得这是正常的,没有太多强烈的情绪。

这件事让我很有感触。

不仅是教育孩子,很多时候,你看别人不顺眼,是因为你把自己的某一部分投射到了对方身上。这一部分,可能是你不喜欢的,可能是你想要而不可得的,也可能是你认为不好、不应该的。你把这些不喜欢、不可得、不应该深深地压抑到内心深处,以为否定掉它们,它们就消失了。其实不然,压抑得越深越久,它们就越在潜意识层面扎根越深。

更重要的是,它们会每时每刻影响着你的生活。你会把它们投射到外界的人和事中。那些人和事就像一把把钩子,勾出这些被压抑的情绪。压抑得越多,钩子越多。所以你会为一点小事勃然大怒,你会愤愤不平,你会看不惯很多人和事。

一个咨询师朋友讲过这样一件事。她曾经很反感一个人,觉得他特别八面玲珑,会看眉眼高低。但她发现,其他人好像并没有这种感觉,和他相处得挺好。难道别人看不出来他是怎样的人吗?她一直很奇怪。

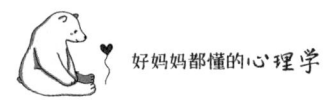

后来她才明白,之所以看那人不顺眼,是因为这个人勾出了她内心的不自信。内心深处,她也想"会来事儿",把人际关系处理得圆融和谐,但自己性格偏内向,怎么也做不到理想中的样子。她恨自己的"做不到",就会把恨意投射到那些能做到的人身上,莫名地对那些人生出反感,还以为是"气场不合"。其实,所有的"气场不合""一见钟情"都有投射在里面。

回到教育孩子的问题上。并不是说孩子不该被教育,而是在发脾气的时候,问问自己:

为什么在这件事上会发这么大火?

它带出了怎样的情绪?

是否在无意中把不喜欢的自己投射到了孩子身上?

当你察觉到了自己的投射、自己被压抑的情绪,就会从情绪中跳脱出来,意识到有多少是自己的问题,有多少是孩子的问题。看到这些,会帮助你就事论事地教育孩子,而不是毫无觉察地带着情绪大吼大叫。

是的,就事论事,而不是"推己及人"。

没有人是完美的,万事万物,包括人性,就像太极图里的阴阳鱼,有阴有阳,阳中有阴,阴中有阳,这是自然之道。每个人身上,都有好有坏,有善有恶,这就是人。成长,就是从接纳自己的不完美开始。

育儿先育己。教育孩子的过程,也是我们自我成长的过程。看到自己被压抑的一面,承认它,接纳它,让自我变得圆满融洽,这就是成长。

自我成长了,就会看到孩子本身,而不是你头脑中的孩子。内心圆融了,目光也会变得平和,不再轻易被激起情绪的巨浪。

所以,下一次再忍不住冲孩子发脾气时,记得默念张德芬的一句话:"亲爱的,外面没别人,只有你自己。"

如何把自己从坏情绪中拯救出来

记得上中学时，我在一本书里读到，当你不开心、很生气的时候，把愤怒发泄出来就好了。你可以大声吼骂，使劲摔打一些东西，总之，怎么爽怎么来。据说，日本很多公司就设置了发泄室，让员工可以在里面尽情发泄情绪。

有一次，我因为一件事很生气，正好一个人在家，我就试着这么做了一回。我很生气地扯着嗓子大喊大叫，找一些摔不坏的东西狠狠地摔到地上，使劲跺脚。

我以为怒气会消退一些，可是很奇怪，我发现，这些举动反而让我更愤怒了。如果说，10分是满分的话，一开始的愤怒程度是3分，这么一发泄，愤怒程度居然变成了8分。刚才的行为好像把愤怒这头怪兽从笼子里放了出来，它一下子变得抖擞壮大起来。愤怒的能量层层升级，在我的身体里四处冲撞。我恨不得把自己也发泄出去。

怎么会这样？我很惊讶。

从那以后，我对这个办法产生了怀疑，也再没用过这个办法。

直到很多年后，当我了解了心理学比较新的一些理论，我才明白，情绪并不是像存钱罐里的硬币，是有一定数量的，你把它发泄完，情绪就消失了。

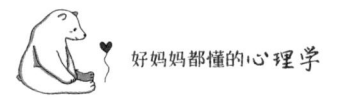

不是这么简单。

心理学家认为,我们的大脑里好像住着两个"人"。一个"人"负责做出各种行为,而另一个"人",则负责解释我们为什么要做出这个行为。大脑收到解释后,就会产生相应的情绪,以使情绪能够吻合行为。

所以,当我们表现出一种情绪,这种情绪也会影响我们的大脑,进而影响我们的身体,激发相应的能量。我们一直以为,愤怒的情绪会导致愤怒的行为,心理学家却告诉我们,愤怒的行为也会导致愤怒的情绪。

当你没有节制地发泄情绪时,大脑会针对你的行为作出判断——哦,你这样大吼大叫、摔摔打打是在生气,随即,大脑就会产生更多愤怒的情绪,来对应你的行为。所以,你会感到更加愤怒,甚至愤怒得失控。

这个我特别有体会。有时,我对橙子有点生气。要是忍一忍,也就过去了。但当我没忍住,或者不想忍,一下子爆发出来,就会越数落越生气,"气不打一处来",真的像是把关在笼子里的怪兽放了出来,到处咬人。

还好,我一般是到吼的程度就停止了。我几乎没有打过孩子。我知道,有的妈妈说着说着不解气,直接就动手打了。拍几下屁股还不解气,打着打着下手就重了。情绪激发行为,行为加重情绪,层层叠加,大脑完全被愤怒控制,理性不再起作用,怎么解气怎么来,完全看不到后果。

谁不爱自己的孩子?可是,当你处在激烈的情绪中,完全被愤怒控制,你就变成了另一副面孔。

大脑的机制决定了靠发泄不能解决情绪问题。

那么,我们该怎么办呢?

心理学家发现,一个迅速转变情绪的方法就是——转变你的行为。让自己做一些看起来很开心的事,比如,哈哈大笑,唱歌,跳舞。

你肯定会说:这是什么馊主意?我正生气着呢,怎么可能高兴得起来?!

注意,并不是让你发自内心地开心起来——这太难了。而是做出开心的样子——哪怕一开始很勉强、很生硬、笑容是挤出来的。

因为，当你做出开心的行为，大脑就会接收到这些动作发出的信号——它才不管你是不是真的开心，反正都是嘴角上翘、哈哈大笑、手舞足蹈，这些肌肉动作都是开心的表现。大脑中的"另一个人"就会解释这些行为——你很开心。于是，大脑就会产生开心的情绪，来对应这些行为。然后，你就真的不再那么生气了，甚至，有一点点开心了。很神奇，是不是？

这些小技巧并不是凭空想象出来的，心理学家用实验证明了，快乐是可以被创造的。比如，只要做出笑的动作，就会变得真的开心起来。

美国的心理学家查尔斯·谢福尔做过这样一个实验。他将参与实验的人分为三组：第一组，微笑一分钟；第二组，要大声笑出来一分钟；第三组，像狼一样嚎叫一分钟（这个动作与大笑的动作差不多，但是与快乐无关的动作）。

在微笑、大笑、嚎叫之后，谢福尔请每个人评估自己的情绪。结果发现，人们表现得越快乐，快乐的情绪就会越来越强烈：那些微笑的人感到更快乐了；而大笑的人简直是兴高采烈；像狼一样嚎叫的人却没有变得快乐。

比如，跳舞也会让人感到快乐。韩国心理学家将实验者分成四组，分别进行有氧运动、身体调节活动、hip-hop 舞蹈训练以及滑冰。我们知道，运动会让身体分泌内啡肽，它会让人心情变好。但是，实验证明，跳舞的一组，快乐指数是最高的。

还有唱歌，也会让人开心起来。心理学家发现，单纯地听音乐不能让人们变得更快乐，但是，唱歌能让人感到快乐得多。

总之，各种实验证明，当我们表现出快乐的行为时，就会真的感到快乐。行为会带动你的情绪，影响你的认知——认识到这一点，我们就可以主动创造快乐。这就是让自己快乐的秘密。

之所以分享这个小秘密,是因为我自己也有体会。我发现,不知从什么时候起,我家形成了一个"传统",在无意中应用了这个理论——谁不开心了,其他人就会想办法让他开心起来。

举个例子。我因为什么事生气了,耷拉着脸,一声不吭。橙子爸爸就会做出点怪声怪样逗我开心。如果这招还不行,他就会采取强制措施,亲自动手,把我的嘴角往上提,让我做出微笑的样子。可想而知,那样的表情有多滑稽可笑。然后我就绷不住了,扑哧一声笑出来,心情也就缓和了好多。

我发现这招还挺管用,后来,当橙子或者橙子爸爸不开心的时候,我也会这么逗他们,强迫他们做出开心的样子。

有一次,因为什么事,橙子抹着眼泪出门上学去。我不想让他不高兴地开始这一天,送他到门口时,我逗他:"不能走,笑一个再走。"

橙子瘪了瘪嘴,笑不出来。

"不行不行,要好好笑一个。"

橙子咧咧嘴,做出一副又哭又笑的奇怪表情。

"嗯,不错,再笑一个,要笑得露出后槽牙来,像这样——"我给他做示范。

橙子咧开嘴,这回笑得生动多了。能明显感觉到他的心境有所变化。

"嗯,好了,去上学吧。开心一点。"

一来二去,橙子也学会了这招。我不开心的时候,橙子就会主动来逗我笑,用他的小手来提我的嘴角:"妈妈,笑一个。"

一次不行,就两次,三次。

哪怕就是他惹你生的气,他这么费尽心思地逗你,你好意思不配合一下吗?我只好皮笑肉不笑、勉为其难地做出笑的样子。这么一笑,好像真的就不那么生气了,心情稍微缓和一些了,不那么钻牛角尖了。

再告诉你一个秘密，自从知道了这个创造快乐的神奇理论，在家里，或者一个人时，我开始有意识地自己唱歌，或者手舞足蹈地比画几下。虽然，我的歌声不是那么动听，身姿不是那么动人，但是，让自己开心不是更重要吗？

尤其是，作为孩子的妈妈，丈夫的妻子，家人们会敏感地觉察到你的情绪——女主人的情绪会极大地影响着这个家庭的氛围。而且，这种开心没有什么具体的事由，心情自然而然地就明朗起来。你就是觉得生活很美好，阳光很明媚。

这种感觉可真好。不信你试试？

妈妈的成长，是对孩子更长远的负责

这几年，我不止听一位妈妈说过这样的话：想想这些年，除了养大一个孩子，我好像什么都没干。说这句话时，这些妈妈的脸上多少都会流露出一丝失落，一丝不甘。

听这句话时，我总是心有戚戚，因为自己曾经也有过类似的感慨。

我记得，自己怀孕后，身体不如平时那么舒服，顺理成章就对自己放松了要求：工作上差不多就行了，现在的重心是养育孩子——我这么告诉自己。及至孩子出生后头两三年，我也不如以前那么有干劲，虽然表面上看起来做得还不错，但我心里清楚，在工作和个人成长上，自己用了几分劲。

那几年，我试图说服自己：这样岁月静好的日子也不错。

一个女人，有了孩子，照顾孩子、家庭已经焦头烂额、身心疲惫，事业上又没有太大的野心，混个中流偏上就可以了。孩子大一点，好带一些了，就学学古琴，玩玩摄影，陶冶一下性情——这样过日子也挺好。奋斗来折腾去，不就是为了岁月静好吗？现在就可以做到啊。然而那几年，我的焦虑和迷茫一直如影随形。我骗不了自己。

我想把日子过得有趣，然而这种小情小趣让我觉得越来越无趣，整个人也慢慢变得像白开水一样寡淡乏味。我意识到自己在缩小舒适圈，缩到家庭那么小，自成一个小天地。外面的世界已是风起云涌，这样的岁月静好是那么单薄，经不起风吹雨打。回顾那几年，除了养大一个孩子，好像没有做什么值得一提的事情。每每年终回首，总觉乏善可陈。朋友相聚，好久不见，问起近况，三个字就足以概括一大段时光：还那样。都说平平淡淡才是真。我隐约感到：此平平淡淡非彼平平淡淡。

是什么时候开始改变的呢？当焦虑变得无以复加的时候。当发觉年纪渐长，再不有所改变，这辈子就不过如此的时候。

曾经和行业里的一位前辈聊天。他的人生前46年一直过得无知无觉、随波逐流，直到46岁那年，他被现实逼得走投无路，方才惊醒，意识到如果再这么过下去，即将到来的退休生活会是什么样的，就是一个没有存在感的人。他开始转变，改变工作态度，改变孤傲的性格，创造机会，抓住机会。如今，他已经退休好几年，却过得比上班时还精彩，是几所大学的客座教授，几家公司的顾问。

他对我说，很多人都喜欢待在舒适圈里，不愿意成长，因为那很辛苦，还会痛，但生活会一步步紧逼。为了逃避生活的逼迫，很多人会把舒适圈缩小，确保自己还能待在里面。就这样，生活一步步紧逼，舒适圈一点点缩小，人的生命力也越来越单薄，最终薄成了一张纸，不堪一击。

几年前的这一席话，我记忆至今，每当自己想偷懒，就会提醒自己，是不是在缩小自己的舒适圈，要不要让生命力单薄成一张纸？

说几件我身边的小事吧。

每周末，我会去一所高校上心理学的在职课程。课堂上，总会看到有妈妈带着孩子一起来上课。妈妈在一边听课，孩子就在旁边静静地写作业，玩玩具。这样的画面沉静无声，却让我很是触动——有这么多不放弃自己的妈妈。

这个课程我上了两年多。这两年多，每个周末，我一天用来陪孩子，另一天用来上课。有时候孩子没人看，我也带着橙子一起去上课。带上小

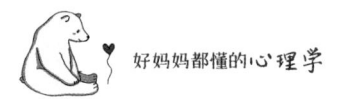

画书、零食、作业,我听课,橙子就在旁边吃吃喝喝,读读玩玩,或者趴在桌子上睡一觉。有时老师讲得有趣,橙子也听得入了迷,还有模有样地学我做笔记。从早上八点半到下午四点,橙子就这么陪我坐一天。我不觉得这么做委屈了孩子,我相信,这样的耳濡目染,身体力行,也是一种教育。

在课堂上认识了一位大姐。她家在山东,四十多岁转行做心理咨询,几年来,每周五下了班直奔火车站,深夜到北京,周六周日上两天课,周日下了课又急忙赶火车回去。大姐说,她用了五年时间转型成功,这五年里,没买过一件新衣服,因为根本没时间去逛街。

我们班上年龄最大的同学,是一位77岁的大爷,也是我们班出勤率最高的同学之一。他不仅在这里学习心理学的课程,还同时学着另外两门课。

讲课的老师里,有一位79岁的老太太,是全国知名的心理学家,包里经常装着好几张机票和高铁票,全国各地飞。一天课讲下来,精神依旧充沛。有一次上课,这位79岁的老师特地鼓励77岁的学生:老了不可怕,你看我就知道了,关键是活得有意义……

我们这一帮20、30、40多岁的人在旁边都看呆了。谁说生了孩子,三四十岁人生就已经尘埃落定?眼前就是活生生的榜样!

我们是母亲,但我们首先是一个人。一个完整的人,有自己的生活,自己的梦想,自己要走的路。我们爱孩子,这毋庸置疑,但孩子不是我们的全部。这些年,我越来越深地体会到:每一个人,内心都有向上向好的渴望。就像一颗种子千方百计要发芽,一棵小树拼命要长高一样,这是大自然给每个人设定的生命密码。

所以,当一个女人放弃了成长,不管她是出于什么借口,她的内心一定会有焦灼。而为了缓解焦灼,很多人会选择不同的方式做鸵鸟。

鸵鸟一:假装视而不见,安慰自己说,这就是岁月静好,平平淡淡才是真——就像我曾经做过的那样。

鸵鸟二：把焦灼的压力转移到孩子身上，望子成龙——我做不到的，你要做到。 然而，放弃了自己，把精力和时间全部用在孩子身上，很容易有牺牲者心态。

"为了你，我付出了那么多，你还不听话。"这些话，即使不说出口，孩子也会感觉到。他会为此自责，觉得自己对不起妈妈的付出。更何况，谁愿意总是背负着另一个人的希望呢？太累了！

鸵鸟三：用身体的忙碌掩盖头脑的懒惰。

忘了是谁说过，很多人，宁愿做任何事，也不愿意动脑子去思考。他们会忙给别人看，忙给自己看——你看，为了孩子，为了这个家，我已经忙得脚不沾地了，哪有时间顾事业，更别提自我成长了。

也许真的确实很忙，谁都有过焦头烂额、一地鸡毛的时候。这样的时候，也许更该好好想一想：是什么导致了这样的状况？是暂时的还是长久的？怎样才能改变现状？

不抬头看路，只一味赶路，就如闭环里赛跑的老鼠，累到倒下，也无济于事。你可以找到无数借口来说服自己，但无法逃避内心的焦灼。唯一的解决办法，就是行动，让自己成长。稻盛和夫先生说：放眼自然界，不管什么动物、什么植物，哪个不是拼尽了全力去生存？这是自然界的铁则，只有我们人类才会心怀邪念，贪图享乐，觉得"努力"是一件很难接受的事。

我曾经问一个正在创业的人："你这样辛辛苦苦，大风大浪，是不是太累了？"他回答得不假思索："是很累，但累得开心。"

我有所悟。真正的成长应该就是这样吧——累，并快乐着。当你感到自己在成长时，那种内在的喜悦，那种成就感，不断变厚重的生命力，是一种更高级的快乐。

当一个母亲由内而外散发着这样的光芒时，她的孩子是会受益的。母亲的成长，是对孩子更长远的负责。

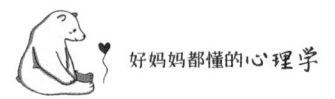

　　我也曾想过,是否会为了孩子放弃工作,或者为了工作忽略孩子。答案很明确,这两种我都不会选择。我会选择两者兼顾,尽量平衡,做不到90分,那就做80分,做到自己能力以内的最好,做到自己问心无愧就好。

　　当然,这肯定会很累,但是值得。否则,当孩子长大,有了自己的生活,自己渐渐老去,茫然四顾,也许会发出更深的感叹:这一辈子,我除了养大一个孩子,一事无成!

想改变人生，请用好你的"暗时间"

很多妈妈感慨，自从有了孩子，就没有了自己的时间，白天围着工作转，晚上围着孩子转，像一个陀螺，被生活的小鞭子抽得转个不停。有时候，忙忙碌碌一整天，等到孩子睡下，夜深人静的时候会发呆：这一天天的，都忙啥了？时间都去哪儿了？

其实，我们不怕忙，却怕忙得心烦气躁，忙得没有意义，忙得怀疑人生。阿基米德说：给我一个支点，我能撬动地球。想改变陀螺一样的生活，我们也需要找到一个支点，由此入手，重新调整我们的精力分配，更有效地管理时间，管理人生。

暗时间，就是一个很好的支点。

什么是暗时间？

请先回答一个问题：当你走路、排队、做家务、坐车、做饭……的时候，你在想什么？

也许你从来没想过这个问题。仔细想想，你可能会发现：自己好像什么都没想，又好像古今中外、上天入地什么都想了。你能从眼前的一棵树想到外太空，又想到今天晚上吃什么，你"想"了很多，念头纷纷扰扰，却转瞬即逝，没有留下任何有价值的东西。这种身体在忙碌、头脑却闲置的时间，就是暗时间。

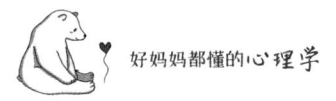

在别人看来，你好像手脚忙个不停，洗衣做饭走路，一刻不停歇，你自己也这么觉得，甚至为自己如此辛劳生出几分感动，但这个时候，你的头脑其实是闲置的，像疏于管理的花园，杂草丛生。你并没有集中精力去"思考"什么，而是让各种"念头"充斥在头脑中，方生方灭，此起彼伏，绵绵不绝到天涯。

利用暗时间，就是让闲置的头脑工作起来，有意识地去思考。

回想一下，你的日常一天，有多少时间花在走路、排队、做饭、坐车上？差不多有两个小时吧？把这些时间利用起来，你每天就能比别人多出两个小时！

在利用暗时间方面，我深有体会。开通公众号一年半来，我觉得自己最大的变化之一，就是暗时间的利用率大大提高了。因为我在工作、家庭、陪伴孩子之外，又增加了学习和输出这两大块，还要打理公号的琐碎事务，事情多了不少，一天还是24个小时，熬夜又不是长久之计，逼得我只能打起暗时间的主意。

写公号的最初几个月，我会专门拿出周末的一天，坐在电脑前，开始构思文章。一边想一边写，思路顺畅还好，如果思路不畅，那种挤牙膏、反复推倒重来的感觉实在让人气馁。有几次，憋了一天都写不出几个字——一天就这么过去了，既没写成文章，也没陪孩子，心里又焦虑又沮丧。

后来，我开始有意识地利用起暗时间来。在走路、洗澡、坐车时，我会思考文章的架构，举什么例子，怎么开头……这些在脑子里过几遍之后，思路就慢慢清晰了。等坐在电脑前开始写的时候，只需要把之前所思所想写下来就行。那种文思泉涌、手指在键盘上飞舞的感觉，太爽了。这样，就大大缩短了写作的时间。

你正在读的这篇文章，就是前几天我出差回来，坐在机场大巴上想出来的。当时下了飞机已是夜晚，昏暗的大巴上，人们大多在玩手机。我却不得不考虑一个问题：下周的文章写什么？我把头脑中存储的几个选题琢磨了一下，看看哪个比较成熟了，哪个更有话可说，需要阐述哪些观点，举什么事例……然后，就有了这篇关于时间管理的文章。

你瞧，同样的时间，我用来思考，那么，我就比别人多出了路上这一个小时的时间。这么一想，我就有一种赚到了的感觉。

利用暗时间可以做的事很多。比如，在上班路上，可以思考一份工作报告怎么写，分成几大部分，每部分要表达什么，领导的预期是什么……把这些问题提前想透了，写起来效率就会高很多。

比如，在做饭的时候，想想昨天看的书、听的微课，感触最深的是哪几点？由此想到了自己的哪些问题？怎样才能把学到的和自己的生活结合起来？比起当时心潮澎湃、转头就忘，这样的总结会让你之前搭进去的学习时间没有白费。

再比如，我们可以用暗时间来复盘。昨天孩子为什么闹情绪？我当时是怎样应对的？是在哪个节点我的情绪失控了？下次再遇到类似的问题，我该怎么处理？

这些思考、总结、复盘，会帮助你更高效地做事，少走弯路，避免重复掉进同一个坑。一再地犯同样的错误，无形中会耗费我们大量的时间和精力。

你看，把暗时间充分利用起来，起码有两大好处：

◇ 提高了时间利用率，一份时间可以做两件事情，节省出了大块时间。

◇ 锻炼了思考能力，找到规律，更有条理，可以更主动地掌控自己的生活。

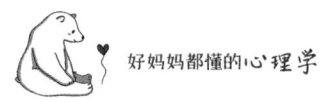

不过,我知道,即使知道了暗时间这回事,也不是所有人都能利用起来的。因为,思考是一件挺难的事。

为什么我把暗时间看作改善忙碌状态的一个支点?除了它能节省时间,更重要的原因就在这里。

很多人,实际上是懒得动脑筋思考的。有人宁愿付出十倍的身体忙碌和劳累,也不愿意去思考:自己为什么这么忙,这么累,怎样才能改变现状?他们宁可用身体的忙碌掩盖头脑的懒惰,用战术上的勤奋掩盖战略上的懒惰。就像那句很经典的话——很多人为了逃避真正的思考,愿意做任何事。

很多年前,我看过一篇文章,一个女孩写她的妈妈,妈妈整日停不下来,即使没什么家务可做了,她也会趴在地板上,用抹布一点一点清理地板缝。

辛苦吗?辛苦。

无私吗?无私。

然而女孩觉得触目惊心:有多少人,像她妈妈一样,用忙和累掩盖头脑的荒芜和懒惰。他们不敢停下来,因为停下来,就不得不面对内心的空虚,不得不面对自己,对自己的生活负责任,这些,都是非常痛苦的事。而忙碌,就可以理直气壮地安慰自己、宣告大家:你看,我在忙,我并没有闲着,我也是有价值的。

记得上学时,我和室友曾经畅想未来的理想生活。我们想要过那种"看着电视剥花生"的日子——既干了活,又看了电视,还不用动脑子,多舒服啊。

虽是玩笑话,如今看来,其实很多人都陷于这样的生活而不自知。我们每天都忙碌于具体的事务,真正用来思考的时间其实很少,甚至没有。而我们自己的生活,我们对孩子的教育,并不取决于这些低质量的忙碌,而是头脑的勤奋。

孩子做事磨蹭——我们就不停地催，日复一日。

孩子做功课不专注——我们就严防死守，盯住他的每一个小动作。

孩子哭闹不休——我们就发更大的脾气来震慑他。

日复一日，问题一再出现，我们一再在情绪的驱动下本能地做出回应，就像一个消防队员，天天警报响个不停，四处忙于救火。累得精疲力竭，却收效甚微。

即使学习时间管理，日程表安排得再紧凑，如果头脑是懒惰的，我们只会让自己陷于更忙碌、更焦虑的状态。我们需要跳出日常的烦琐，去思考、总结、复盘，把事物内在的规律从繁杂的头绪中提炼出来，找到自己内在的反应模式，找到有效的方法去应对问题。

更进一步，我们还需要想明白——我是谁，我到底想做什么？什么对我最重要？要达到这个目标，我需要做什么？有了高屋建瓴的思考，生活才会从容不迫，详略得当。而这些，都需要头脑的勤奋。

每一段暗时间的利用，对我们来说，不仅节省了大量时间，还是头脑的小体操。慢慢地，我们的头脑越来越勤奋，我们也从对一件事的思考，深入到对自己的反思、对生活的统筹。思考，就成了一个习惯，一种乐趣，也最终分化出截然不同的人生。

人到中年，如何避免成为"怨妇"

周末，我带橙子出去玩。回去的时候，他说要坐双层公交车回家。我想了想，时间还充裕，就答应了。结果，我们足足等了快20分钟。玩了一天，本来就很累了，还背着沉沉的背包，不知道要等到什么时候。

随着时间一分一秒地过去，我心里越来越烦躁，感觉一股火气在胸腔窜来窜去，隐隐地想发作出来。不过，好歹学了几天心理学，我有意识地顺着这股烦躁的情绪往内看，看看它来自哪里。内心有一个声音在抱怨："都是你心血来潮，非要坐公交车，害得我又累又热等了这么久。都是因为你！"

是呢，我的怨气就是从这里来的。

但是，我转念一想：公平地说，橙子要坐公交车，这是我答应了的。我答应了，这就是我做出的选择。既然是我的选择，那就要承担选择的后果，后果之一就是公交车迟迟不来。现在，我可以选择继续等，也可以选择打车，都可以。可是，我现在却是一边等车，一边抱怨（虽然没说出口，但心里已经抱怨了好几十遍了），这样做，有什么意义呢？

原来，我是有选择权的，是我自己选择了继续站在这里等车。这么一想，心里拧着的劲儿好像舒展了不少，那股怨气也不知不觉消散了很多。

这件事让我回味再三。我意识到，那时的我不由自主陷入了一种负面的思维模式中：受害者心态。所谓受害者心态，是一种无意识的自我防御机制，就是把过错全推到别人身上，认为自己的痛苦都是别人造成的，是别人的行为让自己受苦了。总之一句话：我没有问题，一切都是你的错。

如果你留意，会发现受害者心态在生活中太常见了。

小孩子被椅子绊倒了，妈妈为了安慰宝宝，打了椅子一下："这把椅子真讨厌，把我们宝宝绊倒了，我们打它。"

婚姻不幸福的妈妈幽怨地对孩子说："要不是因为你，我早和你爸离婚了。"

妻子一边忙家务一边抱怨丈夫："眼里从来没活儿，这个家，我不收拾，就没人管，天天像个猪窝一样！"

"要不是因为……"

"我也不想这样，可是……"

"你就应该……"

这些，都是受害者心态的典型用语。

发现了吗？受害者心态常常以一种"被迫"的姿态表现出来——我这样做都是迫不得已的，是别人造成了这种状况，自己只能无奈地接受。这种姿态非常有伪装性，甚至能骗过自己。

偶尔抱怨是人之常情，但是，如果形成了受害者的思维模式，就要小心了。因为，它会让我们一步步变成怨妇。

受害者心态会让自己更痛苦。

自己是受害者，相应的，就把对方放在了施害者的位置。谁也受不了这样的指责，必然会激起对方的反抗，加重彼此的对抗。何况，改变别人这件事，注定会失败，注定会痛苦。你不可能改变别人，你只能改变自己，影响别人。

受害者心态会让自己失去力量。当你处于受害者的位置，你对现状是

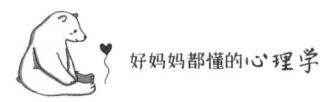

无能为力的,只能被动接受。

指责、抱怨,只不过是用一种貌似强硬的态度来乞求对方改变。把力量交付出去,不仅是对一件事失去控制,慢慢地,你会对你的人生都失去控制,只能寄希望于老天厚待。但话说回来,你凭什么会这么幸运呢?

总觉得别人欠自己的,会变得面目可憎,让人想要远离。非洲有句谚语说:哀怨只能说三遍,第四遍就变成了你的灵魂。当你习惯了用受害者的心态看事情,久而久之,你就会变成一个看什么都不顺眼、一肚子怨气的怨妇(男人则会变得更加愤世嫉俗)。谁会愿意接近一个整天抱怨、充满负能量的人呢?

那么,如何避免成为一个满腹怨气的人呢?

第一步是意识到,这是你的人生,你必须要做出选择。

哪怕什么都不选择,也是一种被动的选择。而被动的选择,会让自己陷入越来越被动的境地。比如,很多人因为年龄大了,家里逼婚逼得厉害,遇到一个差不多的,稀里糊涂就嫁了,结果婚后各种矛盾,各种不幸福。她们会怨父母,当初都是你们逼的。

但是,最终决定结不结婚,还是你自己啊。

第二,把问题看成一个系统,你是系统里的一分子。

一个有机的系统,它包含的各个因素都是互相影响的。也就是说,问题涉及的每一个人都不是无辜的,都参与了问题的制造。哪怕这个人看上去很无辜,很付出,很受苦,但他也是问题的制造者。

有的妈妈天天陪读,软硬兼施,威逼利诱,陪得心力交瘁。如果你告诉她,你可以不陪读啊。她会一脸无奈:谁愿意陪读啊,我也是没有办法,我家这孩子,在旁边盯着都磨磨蹭蹭写到 11 点,还一堆错,要是不盯着,还不得糟糕到什么样!

看上去,是孩子写作业磨蹭迫使妈妈必须要陪读。有没有想过,妈妈的陪读也造成了孩子的磨蹭和不认真？孩子会有依赖心理——我写不完作业，妈妈会比我还着急，反正写错了妈妈也会给我检查出来。

只有认识到问题的产生你也有份儿，才会摆脱受害者心态，承担起属于自己的责任来。

第三，提升认知，从更高维度看待问题。

当你的思维升级，现在的问题可能就不再是问题了。或者，你可以找到更多的方法解决问题，而不是被迫在有限的几个方法中做选择。

还是拿陪读这件事来说。以前你可能认为，不陪读怎么办？难道要放手不管吗？当你通过学习、成长，就会发现还有更智慧的方法，既帮助孩子养成良好的学习习惯，又可以慢慢放手，变得省心省力。

当你钻进牛角尖时，当你陷入两难选择时，说明你的认知要升级了。

人到中年，有的女人活出了怡然自得，有的女人却活得满脸憔悴，受害者心态就是其中一道分水岭。一个人，一旦认为所有的问题都是别人的错，他可能一辈子都会有一种无力感，无力做出改变，无力掌控自己的人生——不负责，不行动，没有任何成长，只能在怨天尤人中得到一点虚幻的安慰。

做出选择，承担选择的后果，接受现实，开始改变，才会找回力量感。

内心有力量感的人，才是真正有魅力的人。

每天和自己相处十分钟

一天中,我最放松的时刻,就是临睡前的一个小时。这时,家人都睡下了,房间里重归安静,终于有一点属于自己的时间了。一天的疲累烦躁无处安放,此刻,什么都不愿想,什么都不想做,只想把头脑放空,好好放松一下。而最舒服的事,莫过于舒舒服服躺在床上,刷刷朋友圈、追追剧、逛逛淘宝了。

一天晚上,如往常一样,我靠在床头刷手机。也如往常一样,已经很困了,却不想放下手机,觉得还没放松够。我闭上酸涩的眼睛,静静地感受了一下,脑子里像有一万只苍蝇在嗡嗡地飞,还是那么烦躁,还是那么疲累,就这么昏昏沉沉地睡着了。第二天醒来,脑子里依然昏昏沉沉的,打不起精神,好像睡了个假觉。

那天早晨,我突然意识到,睡前刷手机表面看起来是在放松,其实根本缓解不了疲累和烦躁。我像一个落水的人,拼命想抓住一点东西,帮我从这些情绪中挣脱出来。可惜手机就是一根稻草,根本没有用。像喝海水,越喝越渴。

朋友圈曾流传一篇文章《你朝孩子又吼又叫,是因为你又累又忙》,这个题目真是说到心坎里了。作为一个生活在一线城市、白天忙工作、下班忙孩子的职场妈妈,那种人到中年、一地鸡毛、疲累烦躁的情绪状态我再熟悉不过。

我明显感到,当我的情绪状态好的时候,会有更多耐心、更多理性和自我察觉。而当一天奔波下来,尤其是刚下班回到家时,那时的能量最低,耐心就特别差,一点点小事可能就会点燃我的情绪。明知道不是什么大事,但那股烦躁之气就是想找个机会发泄出来,不想控制自己,只想痛快地宣泄一番。但实际上,这么吼上一顿,弄得孩子哭大人吵,反而更加重了烦躁情绪。

以前,又烦又累的时候我会看部电影、追追剧、逛逛淘宝,刷手机更是见缝插针。生活的疲累和琐碎让我逃无可逃,心里被塞得满满当当却又无比空虚,只有把头埋进手机、美剧和淘宝里,才会暂时从生活中逃离一会儿,躲进一个五光十色的世界——像紧紧抓住稻草,一松手就会跌入难以忍受的空虚和烦躁中。

我曾经在看孩子的间隙看完一部几十万字的小说。孩子在旁边玩,我就见缝插针地捧着手机看。然而,当我从那个荡气回肠的虚拟世界里抬起头来,越发感到现实生活的重复乏味、一地鸡毛。

我曾经为了找到满意的东西搜遍淘宝的角角落落,在等待包裹的那几天里,我会有一丝兴奋和期待,还有购物欲的满足感。然而这些美妙的感觉过不了几天就会消失殆尽,只能靠不断地买买买来获得。

刷手机也是一样,很多人埋头在手机里,并不是朋友圈多么有趣,只是如果从手机里拔出目光,就会直面自己的空虚、孤独和无聊,那种感觉太糟糕了,还是继续看手机吧,就像鸵鸟把头埋在沙子里一样。

那天早上,当我回味着在脑子里嗡嗡飞旋的一万只苍蝇时,我意识到这些都不是真正的放松,只不过是逃避——逃进虚构的世界,逃到对欲望的满足,逃到虚拟的人群中。逃了半天,那些烦躁疲累还是如影随形,甚至更加严重。逃无可逃,只能面对它,化解它,找到真正放松的方法。

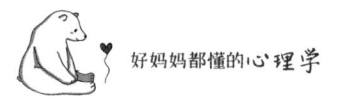

这几年，我一直在断断续续、有意无意地寻找、尝试真正的放松办法。有几种方法经过亲身实践，感觉效果不错，其中一种就是静心，也可以叫它冥想、打坐。

记得我最初接触静心，是十几年前初入职场。有一次我陪作者到外地巡回签售，食宿、媒体采访、业务对接，都要自己搞定，几天下来，精神一直保持高度紧张的状态，非常疲累。最后一场签售前，我们在休息室等待，作者看我脸色不太好，就对我说：我带你做一下静心吧。

我们闭上眼睛，随着她的引导词，我慢慢进入一种很安静舒缓的状态。大概过了五六分钟，我睁开眼，发现昏昏胀胀的感觉缓解了很多，头脑变得清净了，精神头儿也回来了。我很惊奇，也很新鲜，静心从此在我心里埋下了第一颗种子。

后来有好几年，我没再理会这事。直到最近几年，有了孩子，开始接触心理学，学习身心成长，各种机缘，开始有意识地练习静心。不过也是断断续续，感觉状态不好就做几天，状态好了就忍不住偷懒，三天打鱼，三十天晒网。不过，即使是断断续续，我也从中获益匪浅。

我是这样做静心的——

现在，此刻，哪怕你感觉自己很放松、很平静，当你闭上眼睛，专注地去感受一下，你会发现你的头脑里充斥了无数念头，像无数个电子，密密麻麻，生生灭灭，在你的脑袋里做高速布朗运动。

不要理会它们，专注于感受自己的呼吸。用不了多久，一两分钟后，你会感觉到头皮、额头甚至头脑内部好像有一层隐形的肌肉，放松下来了。

就这样，继续关注呼吸。慢慢地，那些念头不知不觉消失了，偶尔会蹦出几个，别被它们带着走，还是专注在呼吸上。头脑会平静下来，那种很放松的平静。

有时，静心做得比较好，我会有一种感觉：头脑里一片虚空，没有任何念头，整个身体好像在呼吸中，又好像在虚空中。当你睁开眼睛，会发现头脑变得清净了，像一碧如洗的天空，澄澈透明。之前在头脑里风云激荡的各种情绪，也变成了徐徐微风。整个人的状态也随之安稳了很多。

静心的过程不用太久，我喜欢在睡前做，一般做十多分钟，做完就直接睡了。

刚开始练习，可能一闭上眼睛，你会发现头脑里乱哄哄的，各种念头此起彼落、纷纷扰扰。你也许会更加烦躁，心想这个办法不适合自己。多给自己一些耐心，不要想着去消除这些念头，越打压越叛逆。专注于自己的呼吸，全神贯注去体会一呼一吸间的气息流动，体会这个过程。

慢慢地，安静就会到来。

对我来说，静心的好处是显而易见的。

首先是让我能够真正地放松，提高睡眠质量，精力充沛。

有时压力大事情多，想着好好睡一觉放松一下，明明睡够了八小时，早上起来还是很困乏，昏昏沉沉地睡去，浑浑噩噩地醒来，有种怎么睡也睡不够的感觉。这时我就想起静心了。

临睡前静一静心，做上一两天，这种情况就大有改观：早晨早早地就自然醒来，也不觉得困，头脑很清爽。能量充足了，情绪就稳定了，心境也就变得明朗了，之前很多让人心生烦躁的事情，现在看起来好像也没什么大不了。

我由此发现，静心是一种"疗程短，见效快"、缓解疲劳、补充能量的好办法。静心可以让人真正地放下——放下念头，放下情绪，自然就放松了。

我练习静心，本来是为了缓解乏累烦躁，练习的时间久了，我发现还有意想不到的好处——我的觉察能力提升了。

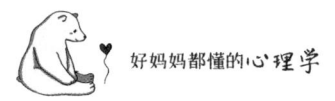

因为静心的时候要专注于呼吸，要觉察身体的感受，觉察念头的起落，练习得多了，平时有念头出现、情绪升起，我往往能很快察觉到，进而意识到情绪背后是什么。

在我的文章中"我突然意识到……"这句话出现频率很高，这往往是一件事的转折点。比如在某件事情中，我突然意识到自己的想法、做法有问题，会随即做出相应的改变。这样写看起来像小学生作文，有些刻意，其实是如实的描述。

因为觉察力提升了，会及时觉察到情绪的微妙变化，意识到一言一行背后的内在原因。意识到了，自然就会有所改变。比如发火吼孩子，表面上看是因为孩子做得不好，往深里看，其实是因为自己心累。

再往深里看，为什么会心累？因为又要忙工作又要忙孩子，每天忙得像陀螺，没人帮忙，没人理解，一肚子的委屈和怨气。这股情绪郁积在心里，就像个火药库，遇到一点火星就爆发了。

但我们往往意识不到自己的情绪，眼里只有孩子的问题，以为孩子的问题解决了，自己就不会再发火了。其实很多时候，孩子的问题恰恰是自己的情绪制造出来的，处理好自己的情绪，孩子的很多问题也就迎刃而解了。

所以，在和孩子的相处中，觉察到自己的情绪是非常重要的。觉察到了，理性就出来了，就不容易被情绪所控制，而是能够跳脱出来看到情绪。如果想改善和孩子的关系，觉察自己的念头和情绪，是改变的第一步。

静心，可以帮助你在念头起于青萍之末时就有所觉察。

简而言之，从我的体会来说，静心不仅能让头脑真正地放松，还有助于提升情绪的觉察力，学会静心，简直是买一送一赚翻了。

所以，今晚临睡前，不妨放下手机，用十分钟时间做一下静心，真正地和自己待一会儿。

学了心理学的夫妻是怎样吵架的

前段时间,我参加一家心理培训机构举办的工作坊,老师讲起一对夫妻的故事。这对夫妻以前吵架吵得很凶,甚至吵到了民政局。这样的场景出现过很多次——

妻子吼:你滚!

丈夫说:滚就滚!

砰!一摔门走了,留下妻子在家里恨恨地抓狂痛哭。

后来,他们开始学习心理学,试图挽救婚姻。学习以后,虽然免不了还是会吵架,但画风变成了这样——

妻子吼:你滚!——滚到床上去!

丈夫说:滚就滚!——你说,我该怎么滚?

这不是段子。这对夫妻就是这家机构的创始人。他们不仅通过学习心理学挽救了自己的婚姻,还综合各家流派之所长,齐心协力创办了这家心理培训机构,帮助更多的人改善夫妻关系、亲子关系。

有人会问:都学了心理学了,怎么还吵架?不是应该举案齐眉、其乐融融、再无烦恼吗?我觉得,能做到那样,基本已经快成仙得道了。作为一个世俗中人,我的体会是:学了心理学后,夫妻之间吵架吵得少了,吵得更"艺术"了。

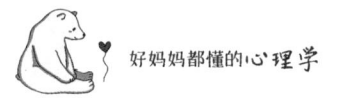

是的,我对此深有体会。

刚结婚那几年,我和橙子爸爸也吵了不少架。而且,我发现我们吵架有固定的模式:一件事情吵两次 + 冷战。

我这个人脾气来得快去得也快。第一次吵完,想着本来不是多大的事,我就主动缓和一下,哄哄他,这事就算过去了。橙子爸爸的脸色有所缓和,但还是气呼呼的:你不用这样,这事咱们得说清楚你错在哪里,不说清楚你还会再犯。

在我看来,这事本来就是他的问题,我已经放低姿态,不和他一般计较了,他却坚持自己是对的,让我反省,这怎么可能?于是又是一通吵。

都有理,都委屈。谁也吵不过谁,然后就是冷战。这么吵很伤感情。好几次午夜梦回,我在黑暗中黯然神伤:不知道自己的婚姻怎么就成了这个样子,到底还要不要继续下去?

直到这几年,我们都开始学习成长,我学习心理学,他也通过做自己的事情修身养性,我们走的路不尽相同,但互相影响,逐渐进入了良性循环。学习和成长,让我们的吵架和以前不太一样了。

首先,觉得没有那么多事可吵的。

学习首先改变的就是认知。当认知提升了,格局就变大了,心态就会更加包容,以前觉得"怎么能这样"的事情,现在看起来也没什么关系。小到喝汤时发出声音、点什么菜,大到职业选择、人生规划,会更多地尊重对方的选择。即使有不同想法,也尽量做到尊重对方的意愿。

比如,我想让橙子上奥数,橙子爸爸觉得学那些没用。我们为此争执过几回,谁也说服不了谁。后来的解决方案就是,那就先上一学期的课,让橙子自己感受一下。

上完一学期,橙子的感觉不错,同意继续上。一学年上完,橙子喜欢上了奥数课,对他的数学成绩也很有帮助。平时聊天时,我会把这些情况和橙子爸爸提一两句,他也就不再说什么了。遇到事情,互相妥协一点,尽量照顾到对方的感受,很多事情是可以不用吵来解决的。

其次,通过学习,会有更多的觉察。觉察,会让人更多地摆脱本能冲动的驱使,跳出情绪的漩涡。没觉察和有觉察的区别,就像和蚂蚁打架与看蚂蚁打架的区别。有了觉察,这架就不容易吵起来。就像那对心理机构的夫妻,当她说出"你滚"时,瞬间觉察到自己的情绪,及时调整,生生地把一场吵架变成了调情。

前几天,我和橙子爸爸吃午饭时争论一个问题。你一句我一句,争着争着,就有点面红耳赤了。橙子爸爸说了一句:你现在不是在讨论问题了,而是在想办法证明自己是对的。他这么一说,我也意识到了,自然就缓和下来。

有时,发现争论快要变成争吵,我也会及时打住:停,我现在不想讨论这个问题了,咱俩都有情绪了,等冷静了再说。往往是,等冷静下来,会发现这事没什么好讨论的,或者三言两语就说开了。吵架有没有觉察,直接决定了这场争吵的走向。

还有通过学习,你会看到很多表层下面的东西,会透过对错,看到关系。

以前,你看到的都是对方对你的攻击、伤害,蛮不讲理以及数不清的缺点。你自然会愤怒、委屈、痛苦,悔不当初。现在,你能看到防御背后的柔软,强硬背后的渴望,看到对方的努力和用心。当你看到这些,这个架就不容易吵起来了。

我们日常也会有小矛盾、小争吵,但不会像以前那样动真气了。橙子爸爸会很快来哄我,用各种办法逗我笑。我忍不住扑哧一笑,就坡下驴,这事就算过去了。婚姻中,哪有那么多是非对错,差不多就可以了。赢了对错,输了感情,又有什么用呢?而关系是最重要的。关系好了,什么事

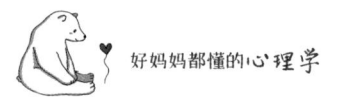

都好办。关系不好，再小的事也会变成天大的事。

更重要的是，当你开始学习，专注自己，内在的种种淤塞开始被清理，能量顺畅了，内心就会变得强大起来。你不会再把生活幸福完全寄托在对方身上，固执地认为老公对我好，我才幸福。你不会再把目光紧紧盯住伴侣，不放过他的每个差错。你会发现这个世界是那么有趣，你的内心是那么奇妙——那么多有趣的事情都在等着你去探索，哪里还有工夫吵架？

你有你的精彩，你可以给到自己幸福和快乐。当我们不再执念于改变对方，而是做好自己，对方反而被我们的积极状态影响了，也赢得了他们的尊敬和珍惜。

前段时间，橙子爸爸还说：你知道我为什么脾气变好了吗？因为我发现，你现在平和了很多，不再因为一点事就变成刺猬。

我说：啊？我是觉得你现在平和包容了很多，所以我才没什么可发火的。

多么奇妙的一件事。

如果读完这篇文章，你以为我是在秀恩爱，或者还觉得"老公不学习，婚姻就没出路"，那么，这篇文章对你是没有什么价值的。我衷心地希望，我们每个人都能把目光放回到自己身上。

婚姻问题、孩子的教育问题，多是起因于我们想改变对方。改变不了，就非常痛苦。走出这个困境，唯一的出路就是让自己成长起来。通过学习，通过行动，让自己变得更好、更强大、更有觉知力。

当你改变了，很多问题不再是问题。

当你改变了，你和伴侣、孩子的关系自然而然就改变了。

当你改变了，你会有力量去接纳，有力量做出决断。

当你改变了，你会从受害者的角色变成负责者，为自己的人生负责。

一切的落脚点都在自己身上。改变自己，影响他人，这是我们学习、成长的意义所在，也是婚姻幸福的秘密。

你对生活的热爱，是对孩子最好的教育

假日的中午，橙子爸爸炖了一只大鹅，满屋子都是香喷喷的味道。橙子馋得摩拳擦掌，口水直流。待饭菜上桌，橙子突发奇想："妈妈，这么好吃的饭，我想到阳台上去吃。"

此时，阳台上正是阳光灿烂，满满的都是春天的气息。我说："可以啊。"我们把饭桌摆到阳台，太阳晒得身上暖暖的，橙子吃着美食，惬意地眯起眼睛："太舒服啦！"

我暗想：真是青出于蓝而胜于蓝啊，比我还会享受生活。

我喜欢生活中的小细节，喜欢这些小情小趣，小小的仪式感。比如，我喜欢买盘子，但从不成套买，遇到喜欢的就买一两只，慢慢攒了各种材质、各种花色、各种形状的碗盘。每次做好饭菜，拉开抽屉，我都会有一种君临天下的感觉，暗暗思忖：后宫佳丽三千，今天的饭菜要用哪只盘子来衬托更好看呢？装盘时，我也会花点小心思简单做个造型，虽然下一刻就被吃到肚子里，但端上桌的时候还是更喜欢赏心悦目一些。

周国平先生有一本书叫《在无趣的时代活得有趣》。我很喜欢这个名字。不管这个时代是否有趣，一个人能够发现生活的美好，享受美好，把日子过得有趣一些，这也是一种能力。不需要花多少钱，让餐桌上常年有一束鲜花，经常换一换桌布的颜色，根据心情点个香薰，这些生活中的小

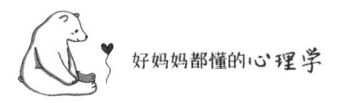

情小趣总会让人心生柔软,面目美好。

生活的情趣,对美的感知,不像 1+1=2 这些知识性的内容可以准确地表达、传授,它更多的是一种氛围、一种体验、一种感受,是在耳濡目染、潜移默化中传承的。从橙子身上,我能明显地感受到这一点。

春天来了,橙子催了我好几次,要我买些菜籽在阳台上种菜。

每年,我们都会在阳台上种些花草蔬菜。阳台的地方不大,种的花草也多是便宜好养活的,给点阳光和水就灿烂生长。我喜欢每天早晨拉开窗帘,看看窗外的花又开了几朵,丝瓜的藤蔓又爬高了多少,小小天地的一派生趣,让一天的心情都变得晴朗起来。

橙子也喜欢和我一起看这些花花草草,他更关注那些蔬菜,数一数小西红柿又红了几颗,惦记着黄瓜什么时候可以摘,每天都会有些新发现。

春华秋实,每年的春天,播下种子,这渐渐成了我们家一个小小的传统。我们一边聊着天,一边侍弄着泥土,商量着这盆种什么,那盆种什么,用沾满泥土的双手把一粒粒种子安置得舒舒服服。

我喜欢这种仪式感,这让我觉得生活是值得期待的,是得体的,而不仅仅是一地鸡毛,潦潦草草。显然,这也成了橙子每年的期待。

兴趣来了,我喜欢放一些音乐。不是正襟危坐地听,多是一边听一边忙手头上的事。

橙子六岁的时候,有一次,我听着音乐收拾屋子。听到柴可夫斯基的《天鹅湖》23 号作品,我随口说了句:这是《天鹅湖》。橙子在旁边一边听,一边说:"清晨,天还没有亮,天鹅正在湖里睡着,像小船一样随着湖浪一点点漂过去……慢慢地,太阳升起来了。小天鹅们都醒了,在一起做游戏,又唱又跳玩得很开心……"

我很吃惊,橙子描述的情景和这支曲子的旋律很契合。我赶紧把这段话记下来，细问他，原来橙子由音乐联想到了他曾经在奥地利见到的湖水中游弋的天鹅。

多有趣，一个人走过的路、看过的风景、听过的音乐、感受到的氛围，像是埋下了一颗颗种子，你不知道什么时候它们会破土而出，发芽开花，生发出各种有趣的想法，结出饱满的果实。

有时，我会拉着橙子一起随着音乐跳舞。舒缓的，活泼的，动感的，没有固定的程式，随着音乐自由发挥。起初小孩有些不好意思，后来越跳越放开，索性来个舞蹈、武术、戏曲动作大杂烩，真是手舞足蹈，兴高采烈。

这是我从工作坊得来的灵感。有些工作坊会有心灵舞蹈的环节。我还记得有一次，老师让大家用眼罩蒙上眼睛，不去看别人，也不用顾忌别人的眼光，甚至不去管自己的姿态美不美，只管沉浸在自己的世界里，随着音乐舞动，旋转，尽情舒展着肢体，用身体语言表达自己的内心——僵硬也好，笨拙也罢，重要的是表达。

沉浸在音乐中，你会感觉旋律是海，你是海里的一条鱼，随着洋流恣意欢畅地游来游去。随着肢体的舒展，很久以来被拘束、被压抑的内心逐渐舒展开来，你会感到久违的自由。我希望橙子也能从这样的舞蹈中体会到这种快乐，这种自由自在、无拘无束的感觉，这种酣畅淋漓、尽情表达自己的感觉。

我喜欢摄影，喜欢观察一朵花、一片树叶、一个人微妙的细节，看光与影的神奇变幻，一片树叶就能让我摆弄半天，尝试顺光、逆光、侧逆光会是怎样的效果，俯拍、平拍、不同角度的镜头又是怎样的呈现，经常玩得自得其乐。

这些年，橙子习惯了我各种拍拍拍，我们出去玩，橙子看到好看的小花小草，就会喊我："妈妈，快来把这个拍下来。"我会和他一起蹲下来，欣赏一番，讨论哪个角度拍出来更好看。再大一些，橙子开始自己拿起沉

当孩子心中有了美,他不会轻易把路走歪,也不会轻易放弃希望,他会用认真的态度对待生活,不敷衍生活,也不敷衍自己。

沉的单反相机拍。最近几次出去玩，橙子基本"霸占"了我的相机，挂在脖子上左拍右拍上拍下拍，拍得兴趣盎然。

我在想，不管橙子能不能发展出对摄影的兴趣，哪怕把相机当成个大玩具也好，能借助镜头发现生活中各种各样的美，尝试从不同的角度观察事物，并且乐在其中，这就够了。

这两年，我们出去玩，都会做一个小游戏。在林间，在湖边，在路上，我们会拿出几分钟的时间，停止说笑，找个舒服的姿势坐下来，闭上眼睛，把注意力收回到身体里，去静静地感受。

这时，会察觉到很多不曾注意到的细节：隐约的鸟鸣声，低沉的波浪声，清风拂过面颊的一丝凉意，阳光照在身上暖暖的感觉，鼻尖微微沁出的汗珠……慢慢地，心也静下来了，变得很享受此时此刻。

橙子很喜欢这个游戏，有时还会主动提出要坐一会儿，感受一下。我不知道他能感受到多少，但，有这个意识就是好的，能感受到一分也是好的。

我们常常说要活在当下。如何活在当下，就是用心去感受此时此刻，用眼耳鼻舌身意去感知，在这一刻，你才是真正和大自然连接在了一起，才是和自己待在了一起。如果说，人生是一场体验，旅游是一场体验，那么感受就是我们在这个过程中收获的财富。一个敏于感受的人，他的内心应该是丰富的、柔软的，他眼中的世界也应该是美好的，有意味的。

我们这个时代，父母们的目光多是集中在孩子的学习成绩上，生命的美育，是我们这个社会所欠缺的。在这方面，我也没有太多经验，更多的是无心插柳，一路走过来，我发现自己对生活的热爱影响了孩子，他渐渐懂得了发现美，享受美。

从我有限的经验出发，我觉得，对孩子进行审美教育，除了去美术馆、博物馆，参加各种兴趣班，更重要的是从日常生活的点滴细节入手，从一朵花、一束光、一种颜色入手，让孩子感受到自然界、生活中，无处不在的美。

美，是一种生活态度。善于发现美、享受美、创造美，这样的孩子长大后，应该会是一个有趣的人，一个更容易感到幸福的人。当孩子心中有了美，他不会轻易把路走歪，也不会轻易放弃希望，他会用认真的态度对待生活，不敷衍生活，也不敷衍自己。我想，这也是我们对孩子进行生命美育的最终目的吧。

其实，在这方面，我对橙子没有太多的要求，必须要怎样怎样。我装点食物、听音乐、摄影、冥想，他觉得有意思，就跑来掺和掺和。很多时候，他都是当成一个游戏在玩，兴趣过去了，不想做了，那就随他。

我觉得都好，本来我做这些事情也不是为了教他什么，完全是因为自己喜欢做，做的过程中我很开心、很享受，这就够了。他能从中培养一些情趣更好，培养不出来，留下一个温馨的记忆也是好的。

我到现在还记得，小时候过端午节，奶奶会用彩色丝线缠出一个个小粽子，用细密的针线缝制出小巧的荷包，还记得每年年夜饭，爷爷都要从储藏室拿出那盏粉色的走马宫灯，用竹竿挑着挂在正屋的屋檐下，宫灯上的美人在除夕的夜色下映着烟花转啊转。

这些小场景、小片段我不会刻意想起，因为我从来不会忘记，它们就藏在我的心底，很多很多，一点一滴，调配出我人生的温暖底色，让我成为一个面目温和的人。我希望橙子长大了，也能留下很多这样温馨的记忆，有这样的底色支撑，面对这个世界，也会有更多的爱和暖意。

图书在版编目（CIP）数据

好妈妈都懂的心理学 / 凌想著 . -- 长沙：湖南教育出版社 , 2019.8（2023.12 重印）
ISBN 978-7-5539-7078-3

Ⅰ . ①好… Ⅱ . ①凌… Ⅲ . ①家庭教育—教育心理学 Ⅳ . ① G780

中国版本图书馆 CIP 数据核字（2019）第 137658 号

HAO MAMA DOU DONG DE XINLIXUE

书　　名	好妈妈都懂的心理学
作　　者	凌　想
责任编辑	张件元
特约编辑	刘红霞
出版发行	湖南教育出版社（长沙市韶山北路 443 号）
网　　址	www.jiaxiaoclass.com
微信号	家校共育网
客　　服	0731-85486979
经　　销	新华书店
印刷装订	河北鹏润印刷有限公司
开　　本	710 mm×1000 mm　16 开
印　　张	17.5
字　　数	220 000
版　　次	2019 年 8 月第 1 版
印　　次	2023 年 12 月第 3 次印刷
书　　号	ISBN 978-7-5539-7078-3
定　　价	46.80 元

如有质量问题，影响阅读，请与湖南教育出版社联系调换。